Ressourcen: Gewinnung – Nutzung – Konflikte

SII Arbeitsmaterial

TERRA global

Ernst Klett Verlag
Stuttgart · Leipzig

Ressourcen: Gewinnung – Nutzung – Konflikte

M1

M2 ***Rohstoffpreise (1980 = 100)***

Zur besseren Vergleichbarkeit der Entwicklung wurden die Preise aus dem Jahr 1980 jeweils gleich 100 gesetzt

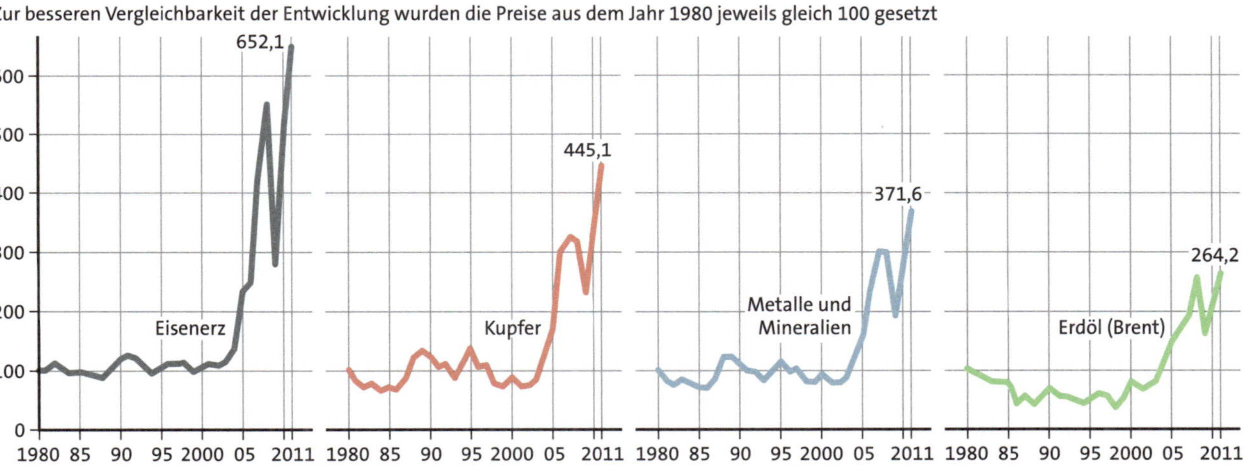

Nach Institut der deutschen Wirtschaft

M1 Fast vier Milliarden Handys weltweit – in jedem stecken seltene Metalle, vor allem Tantal

M2 Coltan – ein Erz zur Gewinnung des Metalls Tantal

1 Blutige Geschäfte mit Rohstoffen – ein „mörderischer Handel"?

Karl und sein Handy „Red Connection"

Es fasziniert durch sein gestochen scharfes Display und lockt mit einem schlanken Design aus poliertem Edelstahl und Glas. Und was Karl besonders überzeugt, sind die 5-Megapixel-Kamera, der MP3-Player und das Radio. Auch GPS ist integriert, genauso wie Facebook und Twitter in der Startansicht. Auch der Preis ist äußerst günstig, sind doch die Handys ohnehin gerade billiger geworden.
Auf dem Gerät steht klein gedruckt: „Designed in California – Assembled in China." Aber das interessiert Karl nicht weiter. Er kauft – wie viele andere vor ihm – dieses prestigeträchtige Schmuckstück.

Der Australier Phil Webster und sein Arbeitsplatz

Eigentlich schien das einer der sichersten Arbeitsplätze zu sein. Die Mine Wodgina im Nordwesten Australiens war der größte Tantal-Produzent der Welt. Phil Webster hatte dort seinen Arbeitsplatz und konnte von seinem Lohn sich und seine Familie ausreichend versorgen. Doch plötzlich stellte diese Mine ihre Produktion ein. Seitdem schlägt sich Phil Webster mit Gelegenheitsjobs durch.

Leitfrage:

Weil Karl unbedingt das neue Handy „Red Connection" haben musste, wurde Phil Webster in Australien entlassen. Warum ist das so?

Vordergründig ist zwischen der Kaufentscheidung von Karl und dem Schicksal des Phil Webster kein Zusammenhang erkennbar. Und doch sind beide Sachverhalte miteinander verknüpft. Die Mystery-Karten auf der folgenden Seite sollen Sie aufklären. Diese Mystery-Karten werden Sie zugleich mit der gesamten Thematik des vorliegenden Heftes vertraut machen.

Zur Arbeit mit dem „Mystery"

1. Stellen Sie zunächst Vermutungen zur Lösung der Leitfrage an.
2. Bearbeiten und lösen Sie das „Mystery" unter Verwendung der Kärtchen auf der nebenstehenden Abbildung (auch im Internet unter Online-Link 29625X-0000 abrufbar). Erstellen Sie ein Wirkungsgefüge.
3. Arbeiten Sie in Kleingruppen und stellen Sie Ihre Lösung grafisch dar (z. B. auf einer Pin-Wand).
4. Vergleichen und diskutieren Sie die Lösungen der einzelnen Gruppen im Plenum.
5. Sichern Sie Ihr Gruppenergebnis (z. B. durch ein Foto des Wirkungsgefüges bzw. der auf der Pinwand angeordneten Kärtchen).
   Überprüfen Sie Ihre Lösung nach Durcharbeitung der gesamten „Ressourcen"-Thematik.
6. Ordnen Sie die in den folgenden Kapiteln angesprochenen Aspekte der Rohstoffproblematik einzelnen Stationen dieses „Mystery" zu.

M 3 ***Mystery-Karten***

1. Coltan ist der Stoff, der jedes Handy zum Leben erweckt. Es ist ein Erz, aus dem das Metall Tantal gewonnen wird.

2. Einige große Anbieter lassen ihre Handys im chinesischen Shenzhen produzieren.

3. Neben Australien und Brasilien gibt es die größten Coltan-Vorkommen in Ost-Kongo (Zaire).

4. Ein 2008 verlängertes Embargo der UNO droht Unternehmen Sanktionen an, wenn sie illegale bewaffnete Gruppen durch den Handel mit natürlichen Ressourcen unterstützen.

5. 2010 wurden in Deutschland knapp 27 Millionen Handys verkauft.

6. Kongo (Zaire) gilt als ein „failed state". Alle staatlichen Institutionen sind hochgradig korrupt. Der Osten des Landes ist in der Hand zahlreicher Rebellengruppen und Warlords.

7. Die großen Handy-Firmen möchten nicht in den Verdacht geraten, sogenanntes „Blut-Coltan" aus dem Kongo zu verwenden. Sie fordern von ihren Lieferanten, dass das Tantal nicht aus Kriegsgebieten stammen darf. Aber das lässt sich kaum kontrollieren.

8. Mit dem Verkauf der seltenen Erzverbindung Tantal finanzieren sich vor allem Rebellen und Offiziere mit ihren Armeesoldaten. Sie setzen Kindersoldaten ein und machen Jagd auf Zivilisten. Nirgendwo auf der Welt werden so viele Frauen vergewaltigt wie im Kongo.

9. Tantal-Kondensatoren sind extrem klein, zuverlässig und hitzebeständig – und deshalb finden sie sich in jedem Handy.

10. Global Witness ist eine Non Governmental Organisation, die Zusammenhänge zwischen der Nutzung natürlicher Ressourcen und Menschenrechtsverletzungen aufdeckt.

11. Hauptabnehmer des Tantal aus dem Kongo sind die Chinesen.

12. Bergbauunternehmer in Ost-Kongo müssen Schutzgelder an Milizen und deren Offiziere zahlen.

13. Global Witness fordert in einem Bericht über den „mörderischen Handel" im Kongo, dass die Geschäftskette zwischen den dortigen militarisierten Minen und dem Weltmarkt unterbrochen wird.

14. Alexis Nahimanda, ein Minenarbeiter in den Bergen von Masisi in Ost-Kongo, ist 40 Jahre alt. Er hat dicke Schwielen an den Händen. „Ich muss in der Mine schürfen, sonst verdiene ich kein Geld für meine Frau und die sieben Kinder", erklärt er dem Reporter.

15. Die Bergbauunternehmen kommen gewaltig unter Druck, die Coltan legal und sauber fördern. Wichtige Produzenten mussten aber ihre Minen bereits schließen, weil sie mit den niedrigen Tantal- bzw. Coltan-Preisen im zentralen Afrika nicht mithalten konnten.

16. Kritische Stimmen warnen vor einem Boykott des Tantal aus ihrem Land durch westliche Firmen: Dann gäbe es keine Devisen mehr, die Wirtschaft würde völlig zusammenbrechen und die Schürfer würden überhaupt nichts mehr verdienen. Wichtiger sei mitzuhelfen, erst einmal einen tragfähigen Staat mit funktionierenden Institutionen aufzubauen.

17. Die Bundesanstalt für Geowissenschaften und Rohstoffe in Hannover arbeitet an einem „geochemischen Fingerabdruck". Mit dessen Hilfe soll nachgewiesen werden, aus welcher Mine ein Erz stammt. Damit könnte die Herkunft des Coltans zertifiziert werden. Das Pilotprojekt befindet sich aber noch in der Aufbauphase.

18. Global Witness hat dokumentiert: Die Menschen in den Minen Ost-Kongos verdienen Hungerlöhne, es gibt Zwangsarbeit. Träger müssen 50-Kilo-Säcke bis zu 45 Kilometer durch den Busch schleppen.

Zusammengestellt nach einem Text von Mystery-Karten: Arne Perras und Michael Bitala: Das Blut an meinem Handy. In: Süddeutsche Zeitung 14.04.2010

M1 ***Bingham Copper Mine***

M2 ***Ressourcen und Reserven***

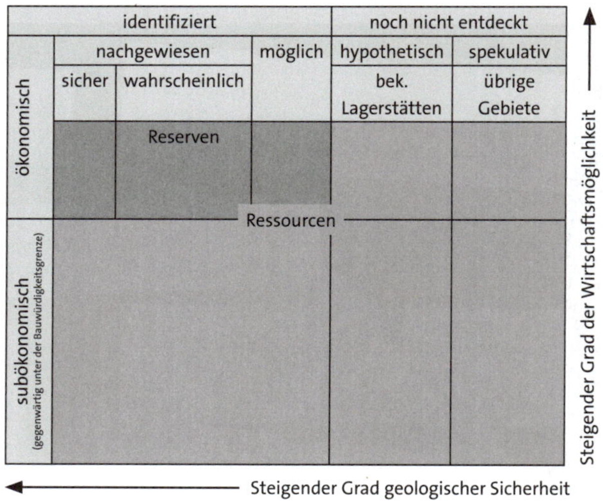

2 Rohstoffe: Grundlage unseres Lebens und Wirtschaftens

↓ *„Die Menschheit lebt über ihre Verhältnisse: Seit langem verbraucht die Weltbevölkerung mehr Bodenschätze, als die Erde dauerhaft bereitstellen kann. Bleibt alles beim Alten, werden die natürlichen Rohstoffe immer schneller zur Neige gehen und manche schon in diesem Jahrhundert nicht mehr hinreichend zur Verfügung stehen. Dabei sind Rohstoffe die Grundlage des Lebens. Sie sichern die Ernährung, sorgen für Wärme und Licht, dienen als Basis für nahezu alle Dinge des täglichen Bedarfs. Um gewohnte Standards aufrechtzuerhalten, werden die Ressourcen der Erde immer stärker ausgebeutet. Betroffen sind nicht nur die fossilen Energieträger Öl, Kohle und Gas, sondern vor allem auch Mineralien, Metalle und andere Grundstoffe.*

Bereits heute werden enorme Massen an Bodenschätzen benötigt, und die Nachfrage steigt stetig. So verringern sich die Vorräte unseres Planeten immer rascher. Experten warnen, dass bestimmte Stoffe schon in diesem Jahrhundert knapp werden könnten, zum Beispiel einige der Seltenen Erden, aber auch verschiedene Massenrohstoffe ... Dies [hätte] gravierende Folgen, denn das moderne Leben ist ressourcenintensiv. Der effiziente Umgang mit den wertvollen Materialien ist daher eine dringende Herausforderung unserer Zeit ...

Der hohe Verbrauch der Industrienationen wird aktuell noch durch den niedrigen Verbrauch ärmerer Länder ausgeglichen. Doch mit dem Aufschwung der Schwellenländer nimmt auch dort der Bedarf zu ...

Die Auswirkungen der Verknappung sind bereits deutlich spürbar. Ein Indikator ist die oftmals angespannte Lage auf den Rohstoffmärkten. Weil Angebot und Nachfrage nicht mehr übereinstimmen, legen die Weltmarktpreise stark zu."

REMONDIS AG & Co. KG: Rohstoffknappheit: http://www.remondis.de/rohstoffknappheit/rohstoffknappheit/ 18.03.2011

Begriffsklärung: Ressourcen und Reserven

Der Begriff „Ressourcen" bezeichnet im engeren Sinne die Gesamtheit der bereits entdeckten Mengen eines Rohstoffs, gleichgültig ob sich ihr Abbau wirtschaftlich lohnt oder nicht. Darüber hinaus erfasst der Begriff Ressource auch die Mengen, die aufgrund geologischer Indikatoren und Kenntnisse über Entstehungsbedingungen noch zu erwarten sind. Hier gehen die Geowissenschaftler davon aus, dass sie bei weiteren Explorationen fündig werden.

Reserven stellen den Anteil an den Ressourcen dar, der nach Menge und Qualität hinreichend bekannt ist und unter den gegebenen ökonomischen Bedingungen mit den derzeitigen technischen Möglichkeiten auf rentable Weise gewonnen werden kann. Das bedeutet, dass die Menge der Reserven von den jeweiligen Preisen abhängt, aber auch vom Stand der Technik. Steigt zum Beispiel der Weltmarktpreis eines Rohstoffes stark, werden auch geringwertige Lagerstätten abbauwürdig. Fällt er, werden unrentable Lagerstätten wieder aufgegeben. Rohstoffreserven werden nach dem Grad ihrer Nachweissicherheit gestaffelt (M2).

Im weiteren Sinne erfasst der Begriff „Ressourcen" alle auf der Erde vorhandenen Voraussetzungen für das Leben und Wirtschaften des Menschen. Hierzu gehören insbesondere auch die Humanressourcen, also die Fähigkeiten und Qualifikationen eines Individuums. Dieses „Wissen in den Köpfen", diese Kompetenzen sind ein entscheidender Faktor für den Produktionsprozess und damit für die Volkswirtschaft eines Landes.

M 3 ***Einteilung der Rohstoffe nach ihrem Verwendungszweck***

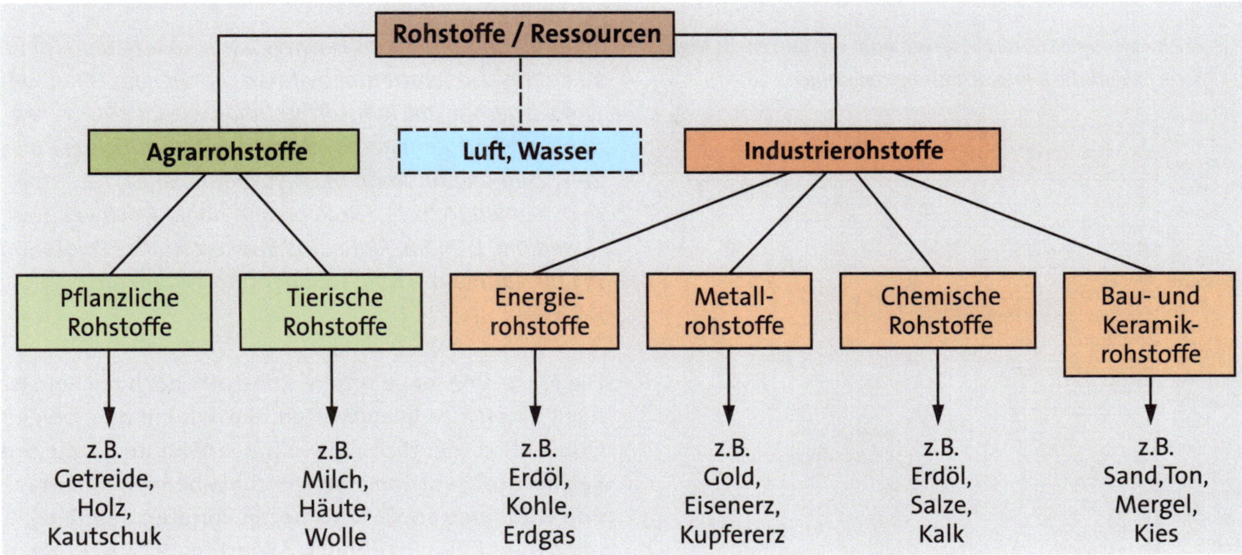

↓ ***Beispiel Kupfer: Ein Werkstoff mit vielen Facetten***

„Kupfer ist in vielen Anwendungen zu Hause. Dies verdankt der Werkstoff vor allem seinen außergewöhnlichen Materialeigenschaften. Denn Kupfer hat eine hervorragende Wärme- und elektrische Leitfähigkeit und ist sehr beständig. Kupfer ist ein relativ weiches und dehnbares, aber auch widerstandsfähiges Metall, das sich gut verarbeiten und formen lässt.

Rund 40 Prozent aller Kupferanwendungen findet man heute übrigens im Bausektor, sowohl in der Elektro- als auch in der Sanitärinstallation. Ein weiterer bedeutender Einsatzbereich ist die Elektrotechnik. Dazu kommen zahllose Kupferlegierungen, von denen insbesondere Messing und Bronze im architektonischen Bereich immer stärker eingesetzt werden.

Aber auch in neuen Technologien ist Kupfer unersetzbar. Ob im neuen Siliziumcomputerchip oder in modernen Schienenfahrzeugen – Kupfer findet man überall dort, wo ein zuverlässiger High-Tech-Werkstoff gefordert ist ...

In einem Pkw der Mittelklasse steckt heute durch den Einbau elektronischer Komponenten und elektrisch betriebener Zubehörteile rund ein Kilometer Kupferkabel. Elektrofahrzeuge und Fahrzeuge mit Hybridantrieb, bei denen ein herkömmlicher Motor durch einen Elektromotor ergänzt wird, haben eine neue Stufe der Entwicklung erreicht ... Da in beiden Fahrzeugtypen ein Elektromotor zum Einsatz kommt, enthalten sie wesentlich mehr Kupfer als herkömmliche Autos, in denen heute durchschnittlich 25 kg Kupfer und Kupferlegierungen eingesetzt werden.

Deutsches Kupferinstitut: http://www.kupferinstitut.de/front_frame/index.php, 18.03.2011

↓ ***Werden Rohstoffe knapp?***

„Boomende Märkte, steigende Preise, schrumpfende Reserven: Rohstoffe sind zurzeit in aller Munde ... Wie lange reichen unsere Rohstoffreserven noch? Wie viel werden wir in Zukunft zahlen müssen, um unseren Bedarf zu decken?

In unserem Alltag sind wir in hohem Maße von Energierohstoffen abhängig – egal ob es um eine heiße Dusche, eine warme Mahlzeit oder die tägliche Fahrt zur Arbeit geht. Noch mehr Energie wird für die industriellen Produktionsprozesse, das Transportwesen und Dienstleistungen benötigt.

In den letzten drei Jahrzehnten ist der Primärenergieverbrauch weltweit um mehr als Zweidrittel gestiegen. Den größten Anteil des „Energiehungers" deckt dabei derzeit Erdöl mit einem Anteil von 38 Prozent (%). Erdgas (23 %), Kohle (25 %), erneuerbare Energie (7 %) und Kernenergie (6 %) steuern den Rest bei.

Auch der Bedarf an mineralischen Rohstoffen ist enorm. So verbraucht jeder Deutsche im Lauf seines Lebens durchschnittlich circa 1 000 Tonnen Erze, Gips, Feldspat oder Kalk. Dabei handelt es sich vor allem um Baurohstoffe für den Hausbau und die Infrastruktur, metallische Rohstoffe für Fahrzeuge und Industrieanlagen sowie Industrieminerale beispielsweise für Düngemittel."

Scinexx. Das Wissensmagazin: http://www.scinexx.de/geounion-aws_basics-7916.html, 18.03.2011

1 Beispiel Kupfer: Ein Werkstoff mit vielen Facetten
   a) Arbeiten Sie – ausgehend von Foto M 1 – mithilfe entsprechender Atlaskarten eine Übersicht über die weltweiten Kupfervorkommen heraus.
   b) Stellen Sie dar, wie eine Wirtschaft und ein Leben ohne Kupfer aussehen würde.

2 Erklären Sie den Unterschied zwischen Ressourcen und Reserven.

3 Bewerten Sie Ihre eigene Rolle als Rohstoffverbraucher.

3 Reichweite von Rohstoffen

M1 ***Reichweite von Rohstoffreserven und -ressourcen als Maß für erforderliche Explorationsanstrengungen***

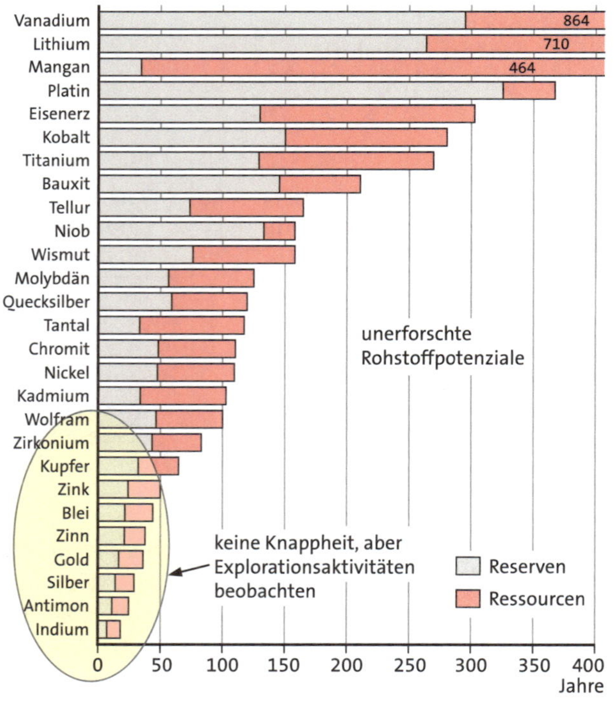

Nach Peter Buchholz: Indikatoren zur Früherkennung von Preisentwicklungen auf Rohstoffmärkten. Beitrag zum Kasseler Abfall- und Energieforum. Deutsche Rohstoffagentur (DERA)

Mineralische Rohstoffe

„Nach den derzeitig bekannten Rohstoffreserven und -ressourcen für Metallrohstoffe reichen diese noch für einen Zeitraum zwischen 25 Jahren und mehrere Hundert Jahren aus. Für die meisten Industrieminerale ist dieser Zeitraum noch wesentlich unkritischer. Was häufig ignoriert wird ist die Tatsache, dass nur ein Bruchteil der bestehenden geologischen Rohstoffpotenziale überhaupt bekannt ist. Durch fortschreitende technologische Entwicklungen in der Exploration werden neue Rohstoffvorkommen laufend entdeckt. Die Wahrscheinlichkeit, auch heute wirtschaftlich abbaubare neue Rohstoffvorkommen zu finden oder bekannte Vorkommen wirtschaftlich zu nutzen, ist nur eine Frage der Investitionen in den Bergbausektor und des Rohstoffpreises. Beispielsweise liegen bei einem Preis von US-$ 40/kgU noch 2.97 Mio. Tonnen Uranreserven vor, bei einem Preis von US-$ 80/kgU noch 4,54 Mio. Tonnen und bei einem Preis von US-$ 130/kgU noch 5,55 Mio. Tonnen Uranreserven ...

Die Lebensdauerkennziffer oder statische Reichweite der Rohstoffvorräte, die sich aus dem Quotienten der derzeitigen Reserven beziehungsweise Ressourcen und der aktuellen Weltbergbauförderung ergibt, beschreibt daher nur eine Momentaufnahme unseres Kenntnisstandes über Vorratsmengen. Sie sagt aber nichts über den Erschöpfungszeitpunkt eines Rohstoffs aus. Die Lebensdauerkennziffer dient vielmehr als Hinweis dafür, in welchem Maße zukünftig Explorationsaktivitäten notwendig sind, um einfach gesagt, ‚die Rohstoffbestände wieder aufzufüllen'. Rohstoffe mit geringer Reichweite wie zum Beispiel Blei, Zink, Zinn und Antimon müssen kontinuierlich neu exploriert werden (Abb. 1). Für Rohstoffe hoher Reichweite wie Vanadium, Lithium, Platin und Eisenerz ist die Exploration in unbekanntem Terrain weniger stark erforderlich ..."

Peter Buchholz: A.a.O.

Die Frage, wie lange unsere Rohstoffe noch reichen, ist nicht einfach zu beantworten. Das wird in dem obigen Quellentext deutlich. Die darin erwähnte „statische Reichweite" geht von einer gleichbleibenden Nachfrage und Förderung sowie konstanten Vorräten aus. Berechnungen auf dieser Grundlage führten 1972 zu Prognosen des „Club of Rome", die besagten, dass z.B. die Weltreserven von Zinn 1989 und Kupfererz 2008 erschöpft sein würden. Das war aber nur eine Momentaufnahme mit dem Ziel, die Menschheit auf „Grenzen des Wachstums" hinzuweisen.
Bei der Ermittlung der „dynamischen Reichweite" wird dagegen eine jährliche Steigerung des Verbrauchs und damit der Förderung einbezogen. Wie sich aber der Verbrauch eines Rohstoffes entwickeln wird, ist schwer vorherzusagen. In Zeiten wirtschaftlicher Rezessionen zum Beispiel geht die Nachfrage weltweit zurück. Auch kann ein Rohstoff durch die Entwicklung und den Einsatz von Ersatzstoffen stark an Bedeutung verlieren.
Darüber hinaus ist es schwierig, die Menge der Reserven eines Rohstoffes genau zu bestimmen. Bergbauunternehmen planen im Allgemeinen nicht länger als 20 bis 40 Jahre im Voraus. Sie geben erst dann finanzielle Mittel zur genauen Untersuchung von Lagerstätten aus, wenn der Zeitraum absehbar ist, ab dem der betreffende Rohstoff in großen Mengen nachgefragt wird.
Der obige Quellentext weist auch darauf hin, dass Vorräte und Produktion „nur eine Frage der Investitionen ... und des Rohstoffpreises" sind. Das bedeutet, dass bei der Verknappung eines Rohstoffs plötzlich Lagerstätten interessant werden, deren Abbau sich bisher nicht gelohnt hat. Aus Ressourcen werden also Reserven (s. S. 6), was die Reichweite eines Rohstoffs erhöht.
Bei Angaben zur Lebensdauer ist also zu prüfen,
- ob die (geologische) Reichweite von Reserven mit konstant bzw. dynamisch angenommenen Werten für Förderung und Verbrauch berechnet wurde,
- oder ob durch Einbeziehung wirtschaftlicher Faktoren die ökonomische Reichweite vorliegt.

Die Verfügbarkeit von Rohstoffen ist aber nicht nur eine Frage der Vorratsmenge und des Preises. Die Rohstoffversorgung ist von weiteren ökonomischen und politischen Faktoren abhängig (s. S. 16).

Energierohstoffe : Beispiel Erdöl

M 2 ***Peak Oil – The Growing Gap***

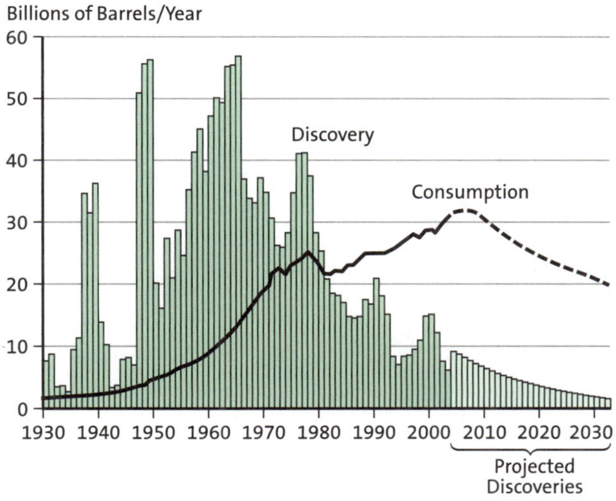

Aspo Schwitzerland. Nach http://www.aspo.ch/wird-weniger-erdoel-gefunden. html, 7.7.2011

↓ *„Die Vorräte der Erde an nicht regenerierbaren Energierohstoffen sind begrenzt, allerdings sind Aussagen über die verbliebenen Mengen unsicher. Das gilt insbesondere für Erdöl ... Immer mehr Fachleute vertreten die Meinung, die entscheidende Frage sei nicht, wie lange das Erdöl insgesamt noch reichen wird, sondern wann die Ölproduktion weltweit ihren Höhepunkt (‚Peak') erreicht bzw. überschritten hat. Erdölgeologen haben bereits vor Jahrzehnten herausgefunden, dass die Förderung von Öl stets einer Kurve folgt, die wie eine Glocke aussieht: Auf einen raschen Anstieg und einen sanften Höhepunkt folgt ein steiler Abfall. ‚Peak Oil' bezeichnet dabei zunächst nur das Produktionsmaximum einer einzelnen Bohrung oder eines bestimmten Ölfeldes ... Die Mitglieder der ‚Association for the Study of Peak Oil and Gas' (Aspo) übertragen dieses Modell aber inzwischen auch auf einzelne Länder.*
Die Vereinigten Staaten zum Beispiel haben ihr Fördermaximum bereits 1971 überschritten. Heute fördern sie nur noch die Hälfte dessen, was sie 1970 aus ihren Ölfeldern pumpten ... Was für einzelne Länder zu beobachten ist, gilt in der Summe dann für den gesamten Planeten: Fachleute warnen vor dem globalen ‚Peak Oil', der nach ihren Forschungsergebnissen in naher Zukunft bevorsteht ...
Gelegentliche Meldungen über neu entdeckte Erdölvorkommen wecken – im Hinblick auf eine mögliche zeitliche Verschiebung des globalen Förderhöhepunktes – nur trügerische Hoffnungen. Auch bei den Entdeckungen ist der ‚Peak' längst überschritten – und die weltweite Nachfrage wächst unaufhörlich weiter (M 2).
Mit dem Überschreiten von ‚Peak Oil' wird deshalb eine globale Energiekrise mit all ihren ökonomischen, politischen und sozialen Folgen einsetzen, sofern es bis dahin nicht gelingt, alternative Energiequellen in ausreichendem Maße auszubauen – oder eben Energie in großem Maße einzusparen. Hierfür bleibt nicht mehr viel Zeit, denn um (schrittweise) aus dem Erdöl auszusteigen, braucht ein Industrieland – Expertenuntersuchungen zufolge – etwa 20 Jahre."

Wilfried Korby: Zukunft ohne Erdöl. In: Geographie und Schule. Heft 169, Oktober 2007. S. 21

↓ *„Das Schwierige am Peak Oil ist, dass man seinen Zeitpunkt erst im Nachhinein feststellen kann, unter anderem, weil niemand wirklich weiß, wie viele Vorkommen noch unter der Erde liegen. Und das nicht etwa, weil noch nicht alles gefunden wäre – da Erdöl nur unter ganz bestimmten geologischen Bedingungen vorkommt, gelten rund 90 Prozent der weltweiten Ölvorkommen als entdeckt. Schwierig ist die Lage vor allem deshalb, weil gerade für die Länder, in denen die größten Reserven vermutet werden, keine verlässlichen Daten vorliegen. Was etwa Saudi-Arabien, das angeblich ölreichste Land der Welt, in der Hinterhand hat, wissen wir nur aus saudi-arabischer Quelle. Schon seit Jahrzehnten hat kein unabhängiger Geologe mehr eine Gelegenheit zur Überprüfung der Angaben bekommen. Während offiziell von 35,4 Milliarden Barrel (ein Barrel entspricht rund 159 Litern) Reserven die Rede ist, glauben Experten, dass mehr als 25,5 Milliarden Barrel nicht mehr da sein können ...*
Große Hoffnungen ruhen zudem auf den unkonventionellen Ölvorkommen der Welt – darunter versteht man Öl, das an andere Stoffe gebunden und damit relativ schwer und teuer zu fördern ist. Die wichtigste Rolle spielen dabei Kanadas Ölsande. Doch Experten hegen Zweifel, dass sie tatsächlich so weit ausgebeutet werden können, wie Optimisten meinen. In der Peak-Schätzung der Aspo etwa sind diese Vorkommen schon enthalten. Zudem wird ironischerweise für die Förderung des Energieträgers Öl aus diesem Gemisch sehr viel Energie benötigt ..."

Eva Drews: So mancher stolze Ölstaat hat seine besten Zeiten bereits hinter sich. In Stuttgarter Zeitung vom 15.06.2006

1 *Arbeiten Sie Faktoren heraus, die die Abbauwürdigkeit von Rohstoffen und deren Reichweite beeinflussen können.*
2 *Erklären Sie anhand des Diagramms M 2 die Begriffe „Peak Oil" und „Growing Gap".*
3 *Gestalten Sie ein Worst Case-Szenario zu den möglichen Folgen einer globalen Energiekrise.*

M1 ***Primäre und sekundäre Erzlagerstätten***

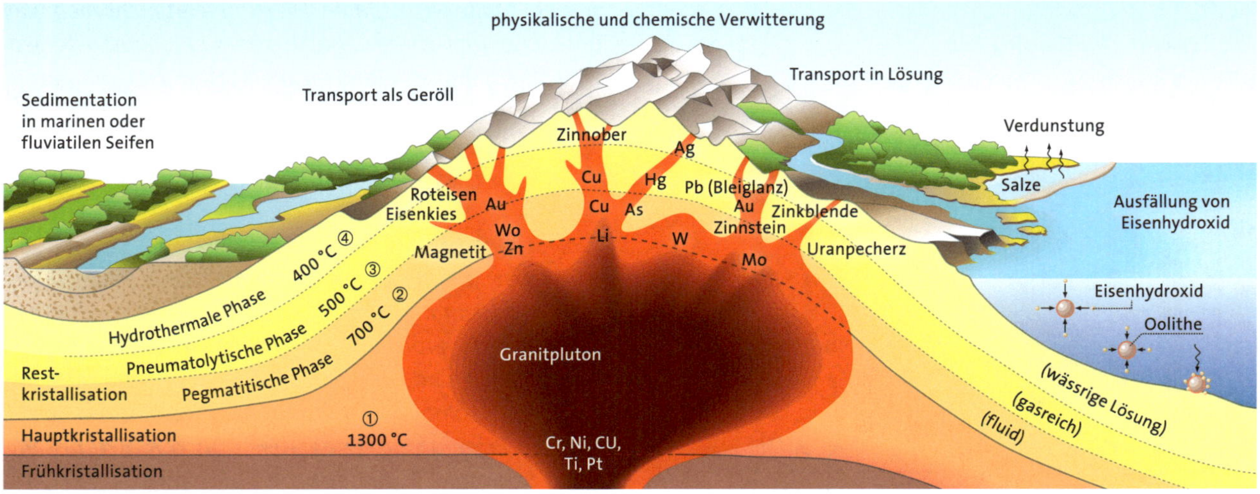

TERRA – Physische Geographie. Klett: Stuttgart, Leipzig 2010, S. 42

4 Lagerstättenbildung als Folge von endogenen und exogenen Prozessen

Lagerstätten nennt man jede überdurchschnittliche Anreicherungen nutzbarer Minerale oder Gesteine in der Erdkruste, die nach Größe und Inhalt für eine wirtschaftliche Gewinnung in Betracht kommen können. Ist die Anhäufung der Minerale oder Gesteine zu gering, um bauwürdig zu sein, nennt man sie Vorkommen.

4.1 Erzlagerstätten

Erze sind Mineralien oder Mineralgemenge, die aufgrund ihres Metallgehaltes bergmännisch gewonnen werden. Ihre Lagerstätten sind im Bereich junger Faltengebirge und alter Kontinentalschilde im Wesentlichen an Vulkanite und Plutonite gebunden. Nach ihrer Entstehung werden primäre und sekundäre Lagerstätten unterschieden.

Primäre oder magmatische Lagerstätten
Sie entstehen mit dem Eindringen von glutflüssigen Gesteinsschmelzen aus dem oberen Erdmantel in die Erdkruste (s. M1). Beim Aufsteigen kühlt der Magmakörper bzw. Granitpluton ab. Bei diesem Prozess, der sich in Tiefen zwischen 5 und 20 km im Laufe mehrerer Millionen Jahre abspielt, kristallisieren die Mineralien allmählich in einer gesetzmäßigen Reihenfolge aus. Sie bilden die so genannten Tiefengesteine. Während dieser Kristallisationsphase erfolgt eine Aufspaltung der Schmelze, eine Differenziation in Teilschmelzen mit unterschiedlicher chemischer Zusammensetzung.
Ist das Magma noch flüssig (liquid), so erstarren bei der Abkühlung auf 1300 °C – 700 °C zunächst Erzmineralien mit einem hohen Schmelzpunkt. Sie bilden Kristalle und sinken aufgrund ihrer Schwere in der Schmelze ab. Dieser Vorgang wird gravitative Differentiation genannt und führt zur Bildung von so genannten liquidmagmatischen Lagerstätten. In dieser Phase der Frühkristallisation entstehen zum Beispiel Chromerze oder Nickelkiese.
Bei weiterer Abkühlung der Schmelzen bildet sich dann die große Masse der Gesteinsmineralien aus. Während dieser Hauptkristallisation entstehen meist keine Erzlagerstätten. Da sich in dieser Phase große Teile des Magmas bereits verfestigt haben, enthält die Restschmelze nun sehr viel leichtflüchtige Gase oder Flüssigkeiten. Die stark komprimierten Gase dringen zusammen mit Teilen der Restschmelze in das Nebengestein ein und erstarren als grobkörnige Kristalle, die Pegmatite genannt werden. Es kommt zur Anreicherung seltener Elemente und Erze.
Sinken die Temperaturen unter 600 °C, entweichen aus der nun größtenteils erstarrten Schmelze weitere Gase und Lösungen. In dieser pneumatolytischen Phase dringen diese heißen Gase und Lösungen in die feinsten Fugen der auflagernden Gesteine ein und bilden durch chemische Umwandlungen Erzstöcke und Erzlinsen.
Erst bei weiterer Abkühlung auf unter 400 °C kondensieren die Dämpfe und es entweichen heiße, später immer kühlere, stark mineralisierte Lösungen. Aus ihnen werden in dieser so genannten hydrothermalen Phase ebenfalls Erze ausgeschieden. An den warmen Quellen vulkanischer Gebiete lassen sich diese Vorgänge gut beobachten. So sind zum Beispiel in dem über 80 °C heißen Grubenwasser des berühmten Goldganges „Comstock Lode" in Nevada in jeder Tonne ca. 2,9 mg Silber und 0,29 mg Gold gelöst.

M2 ***Lagerstätten und Tektonik der Erdkruste***

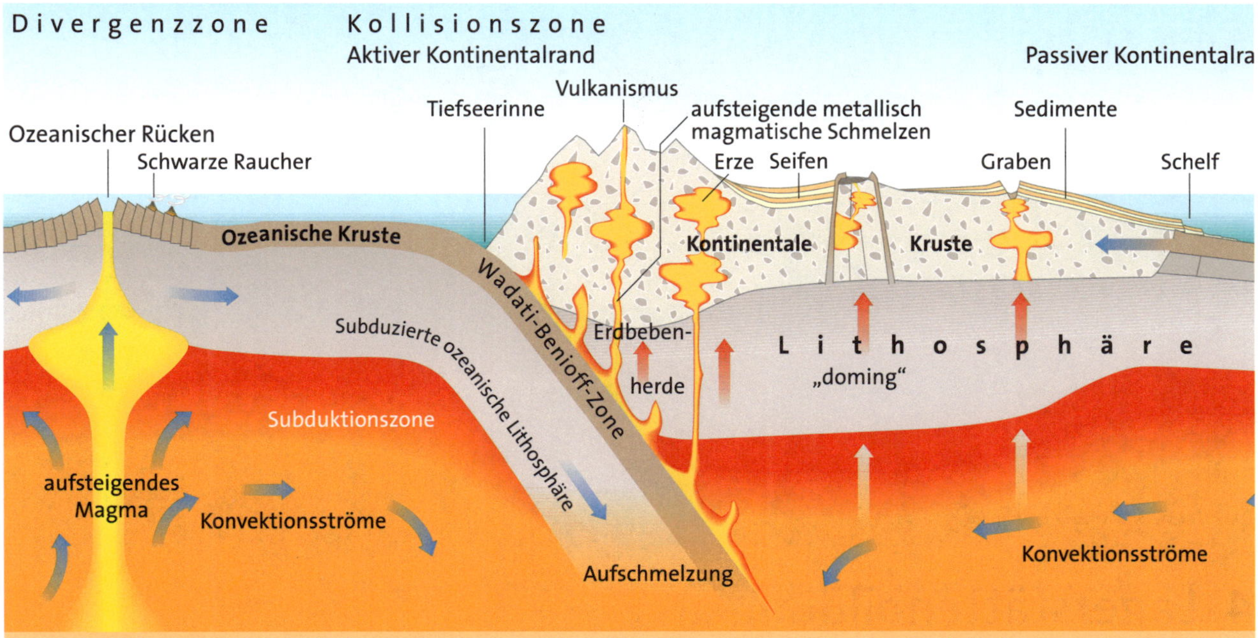

Ozeanischer Rücken	Meeresboden	Forearc-Becken	Magmatischer Bogen	Arkogenese	Graben (Divergenz)
Hydrothermale Lagerstätten mit Eisen-, Kupfer- und Zinksulfiden. Intrusivgesteine mit Chrom	Manganknollen	Blei, Zink, Kupfer	Kupfer-Imprägnationslagerstätten in Intrusivgesteinen. Ganglagerstätten mit Blei, Gold, Silber, Molybdän, Zink, Zinn, Wolfram; Ophiolithe mit Chrom, Kupfer, Zink, Blei	Itabirite, Bauxit Eisen, Titan	Hydrothermale Lagerstätten
				im Tafelbereich: Kohle, Salze, Erdöl/Erdgas, Erze in Seifen	

Nach Heiner Barsch, Klaus Bürger: Naturressourcen der Erde und ihre Nutzung. Gotha: Haack 1988, S. 47

Sekundäre oder sedimentäre Lagerstätten

Wenn die primären bzw. magmatischen Lagerstätten durch Hebung und Abtragung an die Oberfläche gelangen, unterliegen sie der Verwitterung. Dabei werden widerständige Erztrümmer und erzhaltige Mineralkörner durch Niederschläge, Bäche und Flüsse weggeschwemmt und bei nachlassender Transportkraft wegen ihres hohen spezifischen Gewichts in bestimmten Gefälleabschnitten abgelagert. Solche sedimentären Ablagerungen heißen Seifen. Bekanntes Beispiel sind die Goldvorkommen im Kalifornischen Längstal.

Wenn erzreiche Abtragungsprodukte durch Fließgewässer ins Meer gelangen, kommt es zu Reaktionen mit dem Meerwasser. Das gilt insbesondere für die Flüsse der Tropen und Subtropen, die wegen der dort herrschenden intensiven Tiefenverwitterung reich an eisenhaltigen Lösungen sind. Bei ihrem Eintritt in das salzige, eisenarme Meerwasser fällt Eisenhydroxid aus und es bilden sich so genannte Eisenoolithe. Oolithe (von griech. „oon“ = Ei und „lithos“ = Stein) sind kleine, durch kalkige oder tonige Bindemittel verkittete Mineralkügelchen mit einem Durchmesser von wenigen Millimetern. Bekannteste Beispiele sind die oolothischen Brauneisenerze, die im Jura der Schwäbischen Alb gefunden wurden.

In Tiefseebodenbereichen haben sich Manganknollen, Kobaltkrusten und Erzschlämme ausgebildet. Insbesondere bei den Manganknollen gibt es bereits erste Versuche, diesen Rohstoff aus 5000 Meter Meerestiefe zu fördern.

Plattentektonik und Lagerstätten

Die räumliche Verteilung der Lagerstätten ist eng mit den globalen plattentektonischen Strukturen verknüpft. So liegen bedeutende magmatische Erzlagerstätten häufig in den Zonen, in denen Platten konvergieren oder divergieren. Bei der Entstehung der Faltengebirge Nord- und Südamerikas zum Beispiel drangen Granitplutone (s. M1) entlang tektonischer Störungslinien empor. In den folgenden Kristallisationsphasen setzten sich Eisen, Kupfer, Blei, Zinn, Gold und Silber ab. So verfügt Mexiko über die größten Gangerzlagerstätten an Silber. Kolumbien gehört zu den führenden Goldländern. Bolivien besitzt reiche Zinn- und Silberlagerstätten, Chile eine der größten Kupferminen der Erde.

Auf den stabilen Kontinentalbereichen bilden sich überwiegend sedimentäre Lagerstätten. Zu nennen sind hier Goldseifen, Kohlen-, Erdöl-, Erdgas und Salzlager in den Senken großer Tafeln und im Schelfbereich.

1 *Arbeiten Sie den Unterschied zwischen „Lagerstätten“ und „Vorkommen“ heraus.*

2 *Charakterisieren Sie die tektonischen Prozesse, die zur Bildung von primären Lagerstätten geführt haben.*

3 *In den in M1 eingetragenen Zonen (1), (2), (3) und (4) bilden sich jeweils spezielle Lagerstättentypen. Erklären Sie deren Entstehung.*

4 *Erläutern Sie anhand einer Bodenschatzkarte im Atlas die Entstehung ausgewählter Lagerstätten.*

M1 ***Muttergesteinsbildung für Erdöl***

Wirtschaftsverband Erdöl- und Erdgasgewinnung. http://www.erdoel-erdgas.de/article/articleview/79/1/66/ aufgerufen am 14.11.2011

4.2 Erdöl- und Erdgaslagerstätten

Die Entstehung von Erdöl und Erdgas ist noch nicht eindeutig geklärt. Die allgemein favorisierte Theorie nimmt an, dass sich Erdöl aus organischem Material gebildet hat. Alternative Theorien gehen davon aus, dass höhere Kohlenwasserstoffe direkt im Erdmantel und der tieferen Kruste entstanden sind. Hierfür haben sich aber bisher keine eindeutigen Belege finden lassen.
Der gängigen Erklärung zufolge begann die Bildung der ältesten Erdöle schon vor rund zwei Milliarden Jahren. Der überwiegende Teil der heutigen Erdöl- und Erdgaslagerstätten hat sich aber erst vor etwa 100 bis 200 Millionen Jahren in der Jura- und Kreidezeit entwickelt. Eine wesentliche Voraussetzung für ihre Entstehung sind sauerstoffarme Milieus in tieferen Meeresbereichen. Die entsprechenden Prozesse können gegenwärtig am Beispiel des Schwarzen Meeres studiert werden.

Entstehung von Erdöl und Erdgas

↓ *„Beim Erdöl bilden große Mengen an Kleinstlebewesen, vor allem Algen, das Ausgangsmaterial. Sie lebten überwiegend freischwebend als Plankton im Meerwasser. Nach ihrem Absterben sanken diese Organismen zu Boden und verwesten, wenn durch Meeresströmungen genügend Sauerstoff herangeführt wurde. Wo aber die Strömungen tiefere Wasserschichten und den Meeresboden nicht erreichten, fehlte der zur Verwesung erforderliche Sauerstoff. Die organische Substanz blieb dann erhalten und bildete zusammen mit den feinsten Resten der Gesteinsverwitterung, die von Flüssen ins Meer transportiert wurden, einen Faulschlamm. Im Laufe der Zeit ging dieser unter der Last des weiteren darüber abgelagerten Materials in einen schiefrigen Ton und schließlich einen Tonschiefer über. Der Gehalt an organischem Material kann dabei über 20 % erreichen; in den meisten Erdölmuttergesteinen liegt er aber nur bei etwa 1 bis 2 %.*
Bedingungen, wie sie für die Bildung von Erdölmuttergesteinen nötig sind, fanden sich vor allem in nicht allzu tiefen, von offenen Ozeanen weitgehend abgetrennten Meeresgebieten. In Mitteleuropa herrschten entsprechende Bedingungen vor allem im Erdmittelalter, insbesondere im Unteren oder ‚Schwarzen' Jura, vor ca. 190 bis 210 Mio. Jahren (vgl. hinterer Umschlag).
Die Bildung von Erdgas und Erdöl aus den Muttergesteinen vollzieht sich unvorstellbar langsam im Laufe von Jahrmillionen. Dabei finden mehrere komplexe Abläufe gleichzeitig und in verschiedenen Stufen hintereinander statt. Die wesentlichen Schritte sind stets eine Aufspaltung des organischen Materials der abgestorbenen Lebewesen in einfache organisch-chemische Verbindungen (wie Methan, Benzol, etc.) und eine teilweise Wiederanlagerung dieser Verbindungen untereinander zu komplexeren Molekülen.
Voraussetzung sind stets höhere Temperaturen. Diese sind dann gegeben, wenn das Muttergestein durch Überlagerung mit anderem Gesteinsmaterial in größere Tiefen gelangt und dort durch die natürliche Wärme aus dem Erdinneren langsam aufgeheizt wird. Man spricht dabei von der ‚Reifung' des Muttergesteins. Erdgas bildete sich größtenteils bei Temperaturen zwischen 120° und 180 °C etwa 4.000 bis 6.000 m unter der Erdoberfläche. Für die Bildung von Erdöl liegt die optimale Temperatur zwischen 65° und 120 °C, wie sie in einer Tiefe von 2.000 bis 4.000 m herrscht."

Wirtschaftsverband Erdöl- und Erdgasgewinnung e.V.: Erdgas – Erdöl. Entstehung. Suche. Förderung. Hannover 2008. S. 10, http://www.erdoel-erdgas.de/article/view/134/1/68

M2 ***Typen von Erdöl- und Erdgaslagerstätten (Fallen)***

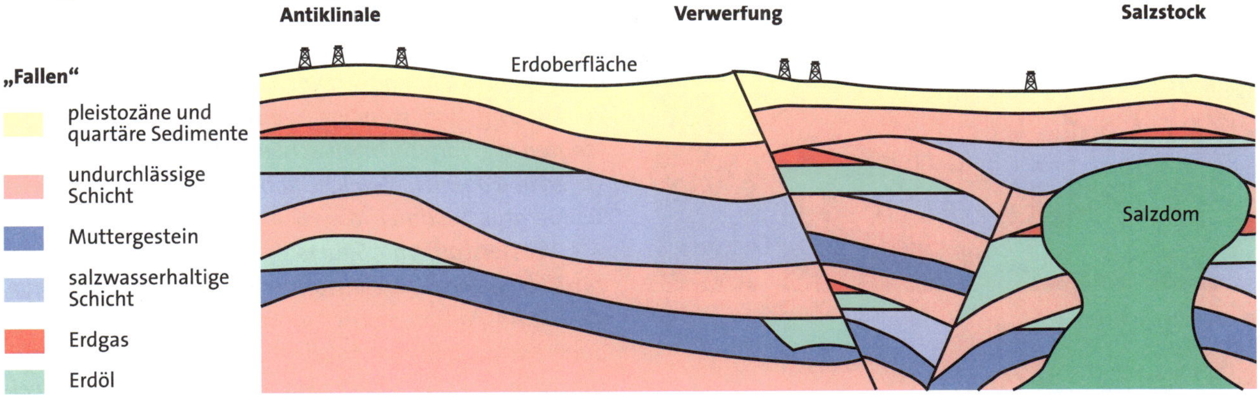

KLETT-Infothek: Infoblatt Erdöl

Lagerstättenbildung

„Wirtschaftlich verwertbare Lagerstätten müssen Öl in höherer Konzentration und leicht förderbar enthalten. Damit diese Bedingungen gegeben sind, muss das Öl des Erdölmuttergesteins abwandern, ein als Migration bezeichneter Prozess (lat. migrare = wandern), und in besonderen Erdölspeichergesteinen wieder angereichert werden. Die Migration wird durch den starken Überlagerungsdruck ausgelöst. Die fein verteilten Öltröpfchen werden ausgepresst und bewegen sich in Richtung des abnehmenden Drucks nach oben fort. Im Grundwasserbereich steigt das spezifisch leichte Öl besonders rasch in die Höhe ... Nur wenn undurchlässige, meist tonige Schichten eingelagert sind, verhindern diese den vollständigen Aufstieg. Befinden sich unter den abdichtenden Tonen klüftige Kalke oder poröse Sandsteine, kann in deren Hohlräumen das Öl gespeichert werden. Man bezeichnet sie daher als Erdöl-Speichergesteine.

Eine wirtschaftlich bedeutende Ölspeicherung ist aber nur dann möglich, wenn sich das Erdöl in besonderen Krustenstrukturen ansammelt. Das sind vor allem Sättel, Verwerfungen oder Salzstöcke. Hier speichert sich über dem Grundwasser das Öl und über diesem das leichtere Gas. Solche Strukturen bezeichnet man als Erdölfallen.

In Norddeutschland und der Nordsee sind die reichen Erdölvorkommen vor allem an Salzstöcke gebunden. Unter dem hohen Druck des Erdgases fließt das Öl meist selbstständig aus dem Bohrloch. Erst bei abnehmendem Druck in der Lagerstätte muss gepumpt werden. Im Zeichen der Energieknappheit wurden Techniken entwickelt, um auch Ölschiefer und Ölsande wirtschaftlich zu nutzen."

Günter Olbert: Geologie. Die Wissenschaft von der Erdgeschichte. Arbeitshefte für die Sekundarstufe II. Klett-Perthes, Stuttgart, Gotha 1999, S. 16–17

In den Lagerstätten tritt das Erdöl meist mit dem Gas und Salzwasser gemeinsam auf, wobei die drei Fraktionen ihrer Dichte entsprechend getrennt sind. Ab ca. 150°C wird das Erdöl durch natürliches Cracken in Erdgas überführt. Die maximale Tiefengrenze von Erdöllagerstätten liegt somit bei etwa 3500 m. Das Cracken (engl. to crack = spalten) ist ein Verfahren der Erdölverarbeitung, bei dem Kohlenwasserstoffe längerer Kettenlänge (z. B. schweres Heizöl) in Kohlenwasserstoffe kürzerer Kettenlänge (z. B. Benzin, Diesel, leichtes Heizöl) gespalten werden. Dieser Prozess läuft aber unter bestimmten Temperatur- und Druckbedingungen auch auf natürliche Weise ab.

Neben der beschriebenen Umwandlung entsteht Erdgas auch häufig durch Entgasung von Kohleschichten. Ab einem Gehalt von ca. 37 % flüchtiger Bestandteile gibt die Kohle große Mengen an Methan ab. So sind viele der europäischen Erdgasfelder durch Kohleentgasung entstanden.

Verteilung der Lagerstätten

Aufgrund der spezifischen petrographisch-tektonischen Bedingungen der Lagerstättenentstehung sind die Erdöl- und Erdgasvorkommen weltweit an Räume mit folgenden Voraussetzungen gebunden:

- weiträumige Becken mit flach liegenden marinen Sedimentserien im Bereich der Kontinentaltafeln
- Sedimentfüllungen in tektonischen Gräben
- Rand- und Zwischenbecken der jungen Faltengebirge
- Schelfgebiete der Erde.

1 *Beschreiben Sie anhand von Grafik M1, S. 10 die Ausgangssituation und Rahmenbedingungen bei der Bildung von Erdöl und Erdgas.*

2 *Stellen Sie den Entstehungsprozess von Erdöl und Erdgas dar. Erläutern Sie den Prozess der Migration und die verschiedenen Typen von Erdöl-Lagerstätten.*

3 *Ordnen Sie ausgewählte Erdölfördergebiete den oben dargestellten Räumen zu (Atlasarbeit).*

M1 Lebensbild aus dem Karbon (vor 310–240 Mio. Jahren)

KLETT Infothek: Infoblatt Kohle

4.3 Kohlelagerstätten

Entstehung von Kohle – Beispiel Ruhrgebiet

„Die Brennbarkeit der Kohle sowie ihr großer Gehalt an pflanzlichen Fossilien lassen darauf schließen, dass sie aus großen Mengen abgelagerten Pflanzenmaterials hervorgegangen sind. Normalerweise werden tote Organismen unter Wirkung von Bakterien und Pilzen völlig abgebaut, sie verwesen. Es ist anzunehmen, dass die Mikroorganismen aus bestimmten Gründen nicht wirksam werden konnten. Wir wissen heute, dass dies dann der Fall ist, wenn abgestorbene Pflanzen in sauerstoffarmes Milieu, zum Beispiel in einen Sumpf, fallen, in dem die Verwesungsbakterien nicht existieren können. Organisches Material bleibt dann als Torf erhalten. Tatsächlich drang in das Ruhrgebiet zur Karbonzeit mehrfach ein flaches Meer ein, was aus den Sedimenten ... deutlich hervorgeht. Es muss sich also um eine Beckenlandschaft gehandelt haben, die sumpfig-moorigen Charakter hatte. Die Voraussetzungen für einen dichten Urwald aus Farnen und Schachtelhalmen waren günstig, das Klima war tropisch feucht ...

Die eigentliche Entstehung von Kohle aus Torf ist die Folge eines chemischen Umwandlungsprozesses in der Tiefe. Während der Karbonzeit kam es mehrfach zur Bildung eines Waldmoors. Durch Beckensenkung [um bis zu 3000 m] und ständige Sedimentüberschüttung gelangten die Torfschichten schließlich in immer größere Tiefen und damit in Bereiche höheren Drucks und höherer Temperatur, wodurch die leichtflüchtigen Bestandteile, wie Wasserstoff und Sauerstoff, ausgetrieben und der zurückbleibende Kohlenstoff relativ angereichert wurde. Die Abspaltung leichtflüchtiger Stoffe erfolgte unter anderem als Methan. Solche Gase sammeln sich unter Umständen als wichtige Erdgaslager in hangendem Speichergestein (z. B. Groningen).

Die mit der Tiefe kontinuierlich wachsenden Druck- und Temperaturverhältnisse sind für den zunehmenden Heizwert der Kohle verantwortlich. So entstanden die verschiedenen Steinkohlearten, wie sie im Ruhrgebiet in unterschiedlicher Tiefe anzutreffen sind [M2]. Den Vorgang der Kohlenbildung unter chemischer Umwandlung des torfigen Ausgangsmaterials bezeichnen die Bergleute als Inkohlung. Sie wurde mit Sicherheit durch nachträgliche Krustenbewegungen begünstigt, die letztlich auch die Verwerfung und Verbiegung der Karbonschichten des Ruhrgebietes zur Folge hatten ...

Braunkohle wurde vor allem in der Tertiärzeit gebildet. Sie besitzt infolge ihrer wenig tiefen Lage (Tagebau) weniger Heizwert als die Steinkohle. Sie wird heute fast ausschließlich zur Energiegewinnung in Wärmekraftwerken verwendet."

Günter Olbert: Geologie. A. a. O., S. 13–14

M2 Vertorfungs- und Inkohlungsprozesse

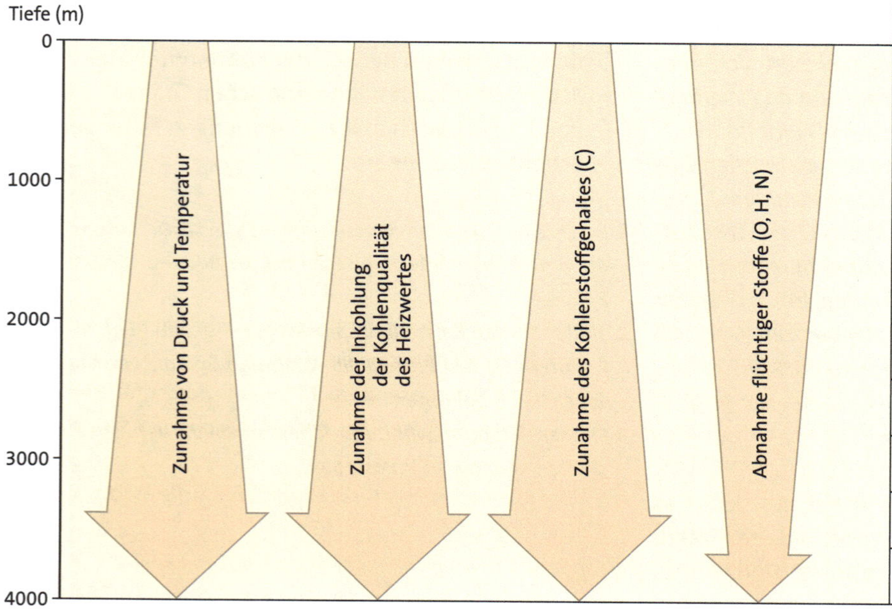

C%	O%	H%		
50	43	6	Holz	
60	33	6	Torf	
70	23	6	Braunkohle	
82	10	5,8	Flammkohle	Steinkohle
84	8	5,7	Gasflammkohle	Steinkohle
87	6	5,5	Gaskohle	Steinkohle
89	4	5,0	Fettkohle	Steinkohle
90	3	4,2	Esskohle	Steinkohle
91	2,5	3,9	Magerkohle	Steinkohle
92	2	3,7	Anthrazit	Steinkohle
100	–	–	Graphit	

Günter Olbert: A.a.O., S. 14

4.4 Salzlagerstätten

Die Bundesrepublik Deutschland ist reich an Salzlagerstätten und steht an vierter Stelle der Weltproduktion. In Nordwestdeutschland befinden sich die Salzlager in den Schichten des Zechstein, in Südwestdeutschland in denen des Mittleren Muschelkalks. Im Norden wie im Süden ist die Abfolge der Schichten auffallend ähnlich. Unter trocken-heißen Klimabedingungen scheiden sich zunächst Kalk und Dolomit ab. Bei zunehmender Konzentration des Meerwassers folgen Gips und Anhydrit. Wenn 90 % des Wassers verdunstet sind, kommt es zur Ausfällung von Steinsalz (NaCl) und erst bei völliger Eindampfung eines Meeresbeckens zur Abscheidung von Edelsalzen wie Kalium- und Magnesiumsalzen.
Würde das Wasser sämtlicher Ozeane verdunsten, käme es zur Abscheidung einer maximal 60 m dicken Salzschicht. Aber allein während der Zechsteinzeit wurden in Norddeutschland Salzlager mit einer Mächtigkeit von mehreren Hundert Metern gebildet.
Die dargelegten Informationen werfen zwei spannende Forschungsfragen auf: Warum kam es immer wieder zu dieser regelhaften Abfolge bei der Salzausfällung? Wie konnten Salzlager in der oben vorgestellten Mächtigkeit überhaupt entstehen?

↓ *Der Prozess der Salzausfällung und die Barrentheorie von Ochsenius*

„Zur Abscheidung von Salz kann es nur kommen, wenn die Salzkonzentration im Meerwasser bis zur Sättigung der einzelnen Stoffe zunimmt. Dies ist beispielsweise der Fall, wenn sehr viel Wasser unter trockenen Klimabedingungen verdunstet. Die Konzentration steigt dann kontinuierlich an, bis die Salze in bestimmter Reihenfolge abgeschieden werden. Die Reihenfolge ergibt sich aus den Sättigungswerten der verschiedenen Salze. So werden zuerst die schwerlöslichen, später die leichtlöslichen Salze ausgefällt ...
Alle Ozeane und Meere stehen weltweit miteinander in Verbindung. Selbst bei stärkster Wasserverdunstung in ariden Klimagebieten kann es zu keiner nennenswerten Konzentrationssteigerung kommen, da als Folge einer intensiven Durchmischung ständig Wasser aus humiden Bereichen zugeführt wird ...
Derzeit kommt es in der Kara-Bogas-Bucht am Kaspischen Meer unter ariden Klimabedingungen zur Ablagerung von Salz. Tatsächlich wird dort aus dem Kaspischen Meer ständig Salzwasser nachgeliefert, der Rückstrom hochkonzentrierten Wassers aber durch eine flache Barre (Untiefe) am Eingang der Bucht stark vermindert. Die Bildung einer Barre wird heute als Erklärung zur Entstehung solch mächtiger Salzlager herangezogen.
Wir müssen annehmen, dass sich die Barre sehr langsam hebt, die Verbindung zum offenen Ozean also nur allmählich geschlossen wird. Das 3,5 %ige Salzwasser, das in das Randmeer als Oberstrom eindringt, verdunstet teilweise, so dass die Konzentration im Becken steigt. Bei einer Konzentration von 4 % wird bereits Kalk ausgefällt. Da salzhaltiges Wasser schwer ist, sinkt es in die Tiefe. Wegen der Barre kann es nur noch teilweise als Unterstrom in den offenen Ozean zurückfließen, eine stärkere Verdünnung im Randmeer wird dadurch verhindert. Hebt sich im Laufe der Zeit die Barre, so wird der salzreiche Unterstrom gegenüber dem Oberstrom immer schwächer, die zugeführten Salze bleiben großenteils im Randmeer zurück. In diesem steigt die Konzentration immer mehr an, was auch an der zunehmenden Konzentration des noch vorhandenen Unterstroms erkennbar wird. So lagern sich über dem Kalk zunächst Dolomit, dann Gips, Anhydrit und schließlich Steinsalz ab. Erst wenn der Unterstrom völlig blockiert wird, ist die Salzkonzentration im Becken so groß, dass auch Edelsalze ausgefällt werden."

Günter Olbert: A.a.O., S. 10–11

M3 Barrentheorie: Entstehung der Salzlager

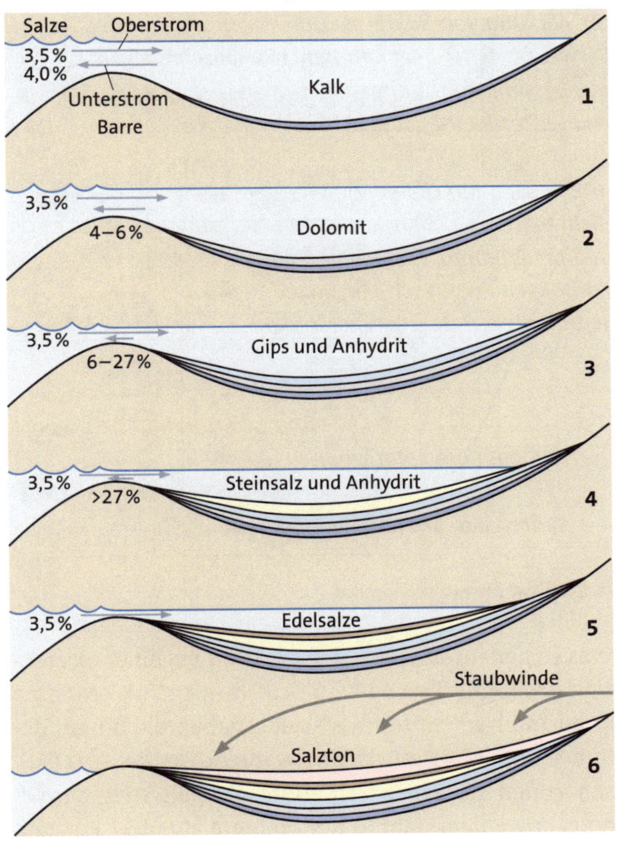

1 *Charakterisieren Sie auf der Grundlage einer Internet-Recherche die geologische Formation des Karbon.*
2 *Erstellen Sie – ausgehend von M 1 – eine beschriftete Skizze zu den wichtigsten Phasen bei der Entwicklung der Steinkohlelagerstätten.*
3 *Erklären Sie die Ursache für die unterschiedliche Mächtigkeit der Flöze.*
4 *Vergleichen Sie die Entstehung von Erdöl und Kohle.*
5 *Erläutern Sie am Beispiel der Kara-Bogas-Bucht am Schwarzen Meer (Atlas) die Entstehung von Salzlagern.*

5 Wirtschaftliche Bedeutung ausgewählter Ressourcen – Beispiel Deutschland

***M 1* Fahrverbote auf der Autobahn während der Ölkrise 1973**

***M 2* Folgen der Ölkrise: Umkehrung der Terms of Trade**

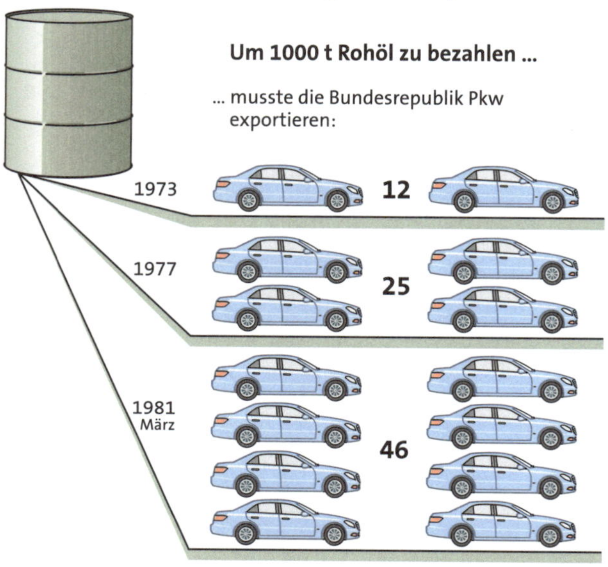

Nach Globus Kartendienst. Hamburg 3928

Was es bedeutet, wenn sich ein Land bei einer existenziell wichtigen Ressource plötzlich mit stark erhöhten Importpreisen konfrontiert sieht, haben die Bürger der Bundesrepublik Deutschland während der beiden Ölkrisen in den 1970er-Jahren erlebt. Damals stieg der Ölpreis in wenigen Jahren um mehrere Hundert Prozent. Die Folge waren Wirtschaftskrisen in allen westlichen Industrieländern, verbunden mit einer so genannten Stagflation (wirtschaftliche Stagnation bei gleichzeitiger Inflation) und hoher Arbeitslosigkeit. Das Bruttoinlandsprodukt sank und mit ihm auch der Wohlstand breiter Bevölkerungsschichten.

Auch heute sind immer wieder starke Preissteigerungen beim Rohöl zu verzeichnen, wenn auch nicht in den Größenordnungen wie in den 1970er-Jahren. Trotzdem belasten diese Kosten unsere Wirtschaft, und der Bürger spürt sie schmerzlich beim Tanken.

↓ ***Notwendigkeit und Risiken einer sicheren Rohstoffversorgung***

„Die deutsche Industrie ist von ausländischen Rohstofflieferungen abhängig, Energierohstoffe wie Öl und Gas werden zum größten Teil eingeführt. Metallrohstoffe werden im Inland gar nicht gefördert und müssen daher importiert werden ...

Über die Versorgung mit Rohstoffen macht man sich im Allgemeinen wenig Gedanken. Zumeist weiß man nicht einmal, welche Rohstoffe eigentlich verbraucht werden ... Jeder benutzt Handy und Computer, aber kaum jemandem ist klar, dass darin Dutzende von Rohstoffen verbaut sind ...

Aus der öffentlichen Wahrnehmung waren Rohstoffe so gut wie verschwunden. Einzig die Preisanstiege der letzten Jahre und die Preisrekorde für Gold und Öl ... haben es in die Schlagzeilen geschafft. Auch die hohen Kosten für Eisenerz und Kokskohle und daraus resultierende Preissteigerungen für Stahl und Stahlprodukte haben ein Stück weit für Aufmerksamkeit gesorgt ...

Die Rohstoffversorgung ist aber nicht nur aufgrund von Preissteigerungen relevant. [Sie ist insgesamt] mit verschiedensten Risiken verbunden."

Rohstoffe – Risiken der Rohstoffbasis, © 2010, IW Medien · iw-Umweltservice 3, IW Medien GmbH, 09.08.2010, S.2ff

***M 3* Risiken der Rohstoffversorgung (in Prozent)**

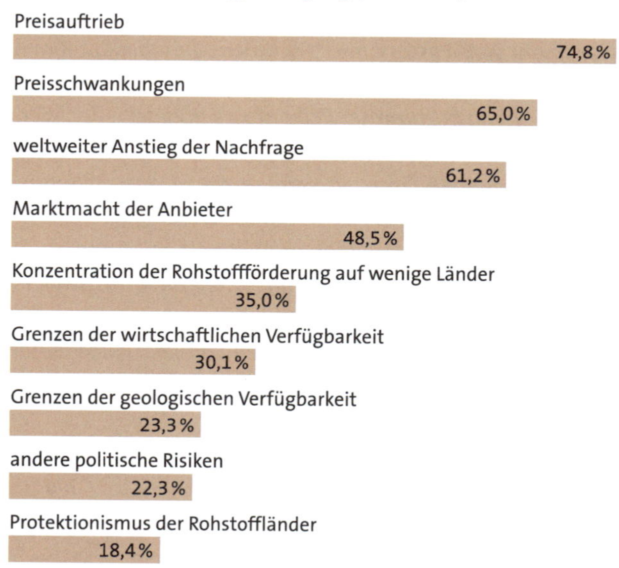

Nach http://www.iwkoeln.de A.a.O., 24.3.2011

1 *a) Arbeiten Sie Zusammenhänge zwischen der in M 1 und M 2 dargestellten Situation heraus.*

b) Ermitteln Sie mithilfe einer Internet-Recherche, wie viel Pkws (Mittelklasseauto ca. 25 000 €) Deutschland heute exportieren muss, um 1 000 Tonnen Rohöl zu importieren.

2 *Erläutern Sie Risiken und Probleme der Rohstoffversorgung (M 3).*

5.1 Metallische Rohstoffe

M4 *Flachbildschirm – ohne Indium nicht herstellbar*

Indium: ein silbrig-weiss glänzendes Metall, leicht zu verformen und zu und verarbeiten; Bestandteil von Flachbildschirmen

↓ *„Der Wohlstand der Industrienationen hängt an Metallen. Aus Kupfer und Aluminium entstehen Kabel für Daten und Elektrizität; Tantal wird für Kondensatoren gebraucht, die Handys zum Funken bringen. Ohne Chrom gibt es keinen rostfreien Stahl; Gallium in dünnen Photovoltaikmodulen verwandelt Sonnenlicht zu Strom; Indium bildet eine Schicht, die leitend und transparent ist und in Flachbildschirmen steckt.*
Spuren von Neodym sind für Magnete moderner Elektromotoren unverzichtbar; Platin entgiftet Abgase in Autokatalysatoren, und aus Lithium entstehen Batterien von Laptops und bald auch von Elektroautos.
Die Ausschläge an den Rohstoffbörsen sind für viele Experten ein vorübergehendes Problem. ‚Es geht nicht darum, ob wir kurzfristig genug Metall haben, nur das zeigt der Preis', sagt Thomas Graedel von der Yale University. ‚Entscheidend ist die Frage: Wird in Zukunft genug von den Metallen verfügbar sein?' Geologisch betrachtet habe die Erde ausreichend Rohstoffe. ...
Dem stimmt Thomas Oberthür ... vom Bundesamt für Geowissenschaften und Rohstoffe in Hannover zu: ‚Wenn es bei einzelnen Metallen Versorgungsprobleme gibt, dann liegt es nicht an den geologischen Ressourcen ...' Die Liste der Probleme reicht von der Geologie bis zur Weltpolitik."

Christopher Schrader: Schattenreich der Metalle. In: Süddeutsche Zeitung 12.08.2009. http://www.sueddeutsche.de/wissen/industrie-rohstoffe-schattenreich-der-metalle-1.168140, 25.03.2011

Beispiel Kupfer – ein begehrter Rohstoff
(siehe auch Seite 7)

↓ *„Eine Lastwagenfuhre mit 25 Tonnen ... kann dieser Tage 160 000 Euro wert sein. Das lockt schon seit geraumer Zeit Gauner an: Zuletzt schnappte die Polizei drei Altmetallhändler, sie hatten auf Augsburger Friedhöfen 80 Vasen geklaut. In großem Stil kappen Diebe immer wieder Oberleitungen oder Erdkabel der Deutschen Bahn. Mehrere Hundert Delikte zählte die Bundespolizei alleine im vergangenen Jahr. Der Metalldiebstahl ist international organisiert. Dem zerlegten Kupfer sieht man seine Herkunft nicht an ..."*

Caspar Dohmen: Gier nach Schrott. In: Süddeutsche Zeitung 22./23.01.2011, S. 34

M5 *Weltweite Kupfernachfrage (in Millionen Tonnen, ab 2007 Prognose)*

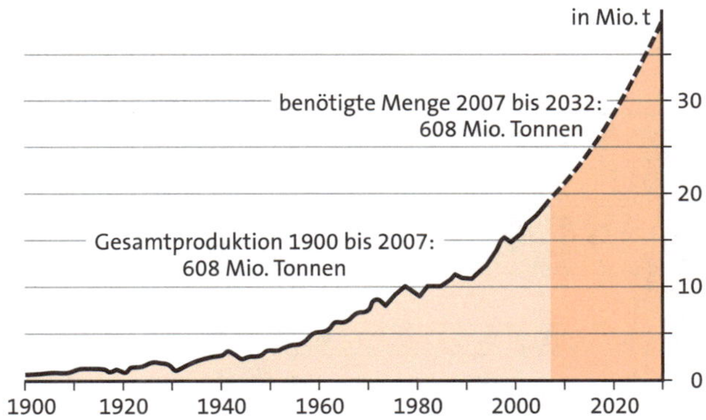

Nach http://www.focus.de/finanzen/news/konjunktur/tid-21272/rohstoffe-industriemetall-kupfer-wichtig-fuer-die-infrastruktur_aid_598447.html, 25.03.2011

M6 *Kupfer Förderung in Mio. t*

	2004	2007	2008
Chile	5,413	5,557	5,330
USA	1,160	1,170	1,310
Peru	1,036	1,190	1,268
VR China	0,754	0,928	0,931
Australien	0,854	0,869	0,886
Russland	0,63	0,483	0,706
Indonesien	0,842	0,789	0,650
Kanada	0,563	0,590	0,607
Sambia	0,411	0,550	0,580
Polen	0,531	0,408	0,474
Kasachstan	0,462	0,407	0,398
Weltförderung	14,556	15,467	15,417

Nach Fischer Weltalmanach: Fischer Taschenbuch Verlag: Frankfurt 2011, S. 671

↓ *„Kupfer ist eines der besten Konjunkturbarometer schlechthin. Grund: Das rot glänzende Industriemetall wird vor allem für wirtschaftlich bedeutende Produkte verwendet. Besonders bei Infrastrukturprojekten wie Hochspannungsleitungen, dem Hausbau und in der Elektro- sowie Automobilindustrie besteht hoher Bedarf.*
In den vergangenen Jahren hat sich China als größter Kupferverbraucher etabliert. Problem: Zwar werden dort gut sechs Prozent des weltweiten Kupfers gefördert. Allerdings stammen auch rund 35 Prozent der weltweiten Kupfernachfrage aus dem Reich der Mitte.
Ein Vergleich verdeutlicht das Potenzial: Der Pro-Kopf-Verbrauch an Kupfer in China liegt aktuell bei gerade einmal vier Kilogramm, wogegen er in Südkorea mehr als zehn und in Japan acht Kilo beträgt. Tritt noch Indien als Kupferkonsument an die Seite Chinas, dürfte der jährliche Verbrauch von heute rund 19 Millionen Tonnen in 15 Jahren auf mehr als 30 Millionen Tonnen steigen. Die Minenproduktion kann bei diesem Tempo nicht mithalten, was für einen weiter steigenden Kupferpreis spricht."

FOCUS MONEY ONLINE: Industriemetall Kupfer – wichtig für die Infrastruktur http://www.focus.de. A.a.O., 25.3.2011

5.2 Energierohstoffe

M1 ***Energieträger und ihre Verwendungsmöglichkeiten***

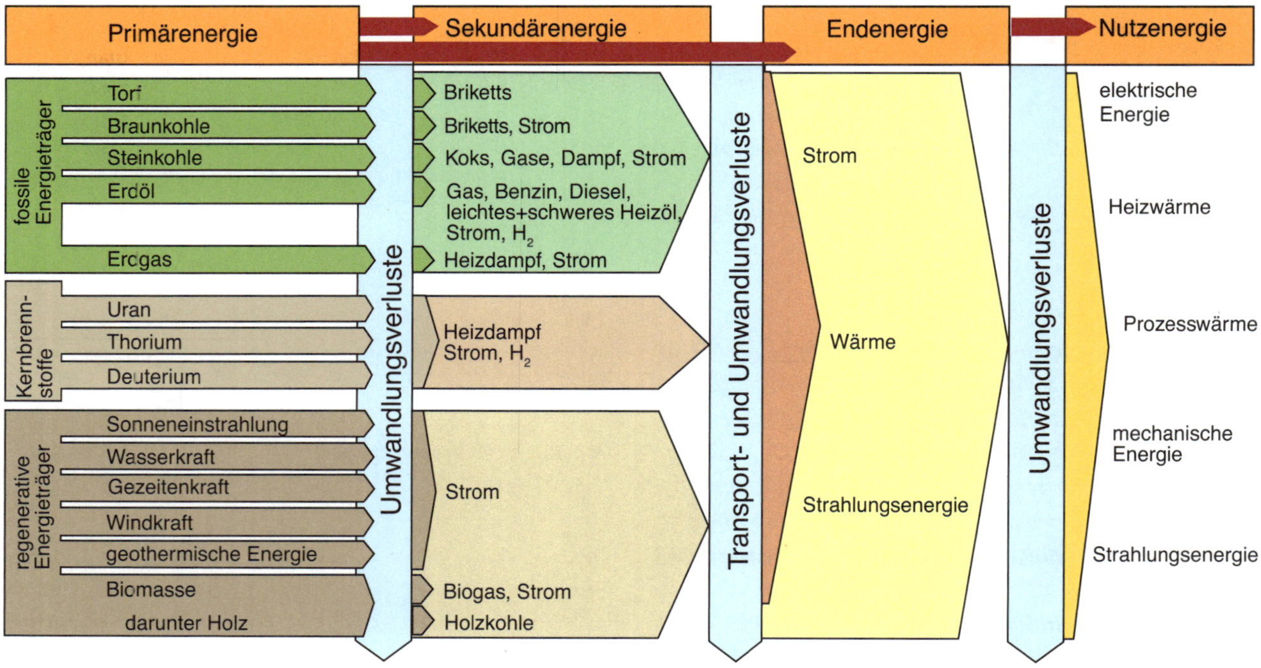

„Energierohstoffe sind aus unserem alltäglichen Leben, aber auch aus der gesamten Wirtschaft nicht wegzudenken. Sie liefern Strom und Wärme, dienen als Treibstoff und werden zu einer Vielzahl an Produkten weiterverarbeitet. Somit sind sie von grundlegender Bedeutung für das Funktionieren der Wirtschaft und den Erhalt unseres Lebensstandards.

Den Großteil des weltweiten Energiebedarfs decken fossile Energieträger. Auch in Deutschland erfolgt die Energiegewinnung zu über 90 Prozent aus Erdöl, Erdgas, Kohle und Uran. Die Geothermie kann bislang nur begrenzt zur Energieversorgung beitragen, hat aber ein sehr großes Potenzial und in den vergangenen Jahren bereits eine rasante Entwicklung gezeigt.

Der weitaus überwiegende Teil der fossilen Energierohstoffe wird aus dem Ausland importiert. So stammen 97 Prozent des Erdöls, 84 Prozent des Erdgases und inzwischen etwa 72 Prozent der Steinkohle aus Importen. Diese Abhängigkeit von importierten Energieträgern wird sich vermutlich in Zukunft noch verstärken. Gleichzeitig steigt weltweit die Nachfrage an.

Obwohl es auf der Erde noch sehr große Vorkommen an Energierohstoffen gibt, ist deren Endlichkeit unstrittig. Die Aufgabe fossiler Energieträger ist daher, als Brückenenergie den sicheren Übergang in eine auf regenerativen Energieträgern beruhende Energievorsorgung zu gewährleisten."

BGR Bundesanstalt für Geowissenschaften und Rohstoffe: Energierohstoffe. http://www.bgr.bund.de/nn_323902/DE/Themen/Energie/energie__node.html?__nnn=true, 27.03.2011

Energie ist die Vorbedingung jeglichen Lebens. Man muss sich nur einmal sehr anschaulich ausmalen, was es bedeuten würde, wenn wir einen Tag lang ohne Strom auskommen müssten. Es wird sofort klar, in welchem Ausmaß unser gesamter Arbeits- und Lebensrhythmus von einer gesicherten Energieversorgung abhängt. Wer also über die Energie und die entsprechenden Rohstoffe verfügt, kann über das Schicksal der Menschen sowohl in den fortgeschrittenen wie auch in den Entwicklungsländern bestimmen. Der Zugriff zum Beispiel zu Rohölquellen wird somit zur Machtfrage. Wie sehr unser Wohlstand auf einer stabilen und preisgünstigen Energieversorgung beruht, haben erstmals die Ölkrisen in den 1970er-Jahren (s. S. 16) gezeigt.

M2 ***Weltenergieverbrauch nach Energieträgern 1984–2009***

in Mio. t Öleinheiten, kommerzielle Energie

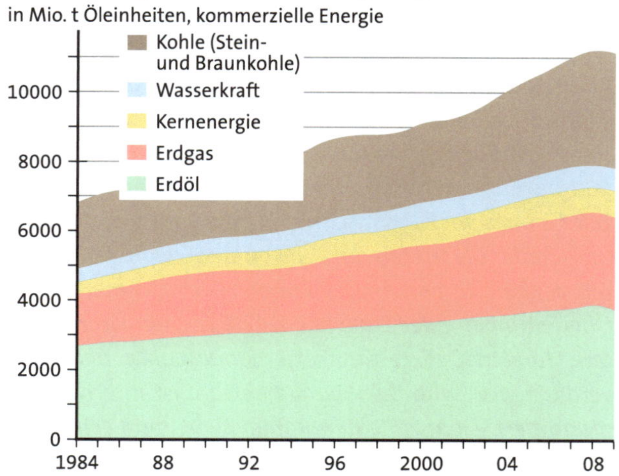

Nach Fischer Weltalmanach: Fischer Taschenbuchverlag: Frankfurt, 2011, S. 673

M3 ***Versorgungssituation Deutschlands bei einzelnen Energieträgern in den Jahren 1999 und 2009***

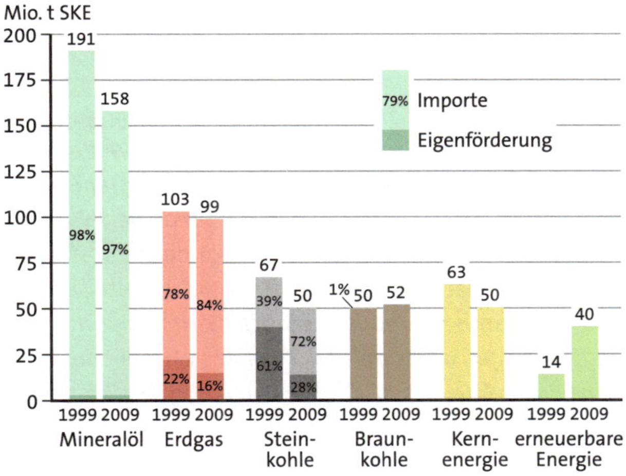

Nach http://www.bgr.bund.de. A.o.O., 27.3.2011

M4 ***Länder mit den größten Reserven nichterneuerbarer Energierohstoffe 2008***

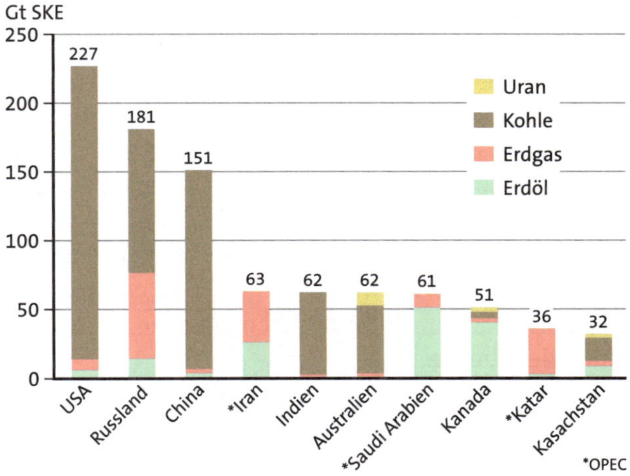

Nach Bundesanstalt für Geowissenschaften und Rohstoffe: Kurzstudie. Reserven, Ressourcen und Verfügbarkeit von Energierohstoffen 2009. Hannover 2006. S. 14

Zusammenhang zwischen Wirtschaftswachstum und Energieverbrauch

In den Industrieländern wurde in der Zeit nach dem Zweiten Weltkrieg im Durchschnitt für ein Prozent Wirtschaftswachstum auch ein Prozent mehr Energie verbraucht. Seit Ende der 1980er-Jahre ist hier bei einigen Ländern – ausgelöst durch die tendenzielle Energieverteuerung durch die „Ölpreisschocks" ab 1973 – gewisse „Entkoppelung" eingetreten. Das heißt, einigen Ländern mit hoch entwickelten Dienstleistungs- und Informationsgesellschaften gelingt es, auch bei abnehmendem Pro-Kopf-Energieverbrauch ein Wirtschaftswachstum zu erzielen. Diese Entkoppelung ist von folgenden Faktoren abhängig:

- vom Anwachsen des Tertiären und Quartären Sektors, der mit weniger Energieeinsatz als die Industrie einen immer höheren Anteil zur Entstehung des Bruttoinlandsprodukts beiträgt,
- von der Installation kapitalintensiver, aber Energie sparender Technologien in der Wirtschaft und in den privaten Haushalten,
- von einem auch über die Energiepreise gesteuerten umweltbewussten Verbraucherverhalten.

Diese Faktoren haben zwar in jedem Land ein anderes Gewicht, Fachleute gehen aber davon aus, dass sich in den meisten fortgeschrittenen Ländern in den nächsten Jahrzehnten das Verhältnis zwischen Energieverbrauch und Wirtschaftswachstum in der dargestellten Weise verbessert.

Völlig anders ist die Situation in den Entwicklungs-, vor allem aber in den so genannten Schwellenländern. Nicht zuletzt das Beispiel des emporstrebenden China zeigt, dass deren Nachholbedarf bei der Rationalisierung der Landwirtschaft, beim Ausbau des Industriesektors und bei der Ausgestaltung des Dienstleistungsbereichs zur Folge haben wird, dass der Energieverbrauch deutlich steigt. Es wird angenommen, dass in diesen Ländern das Verhältnis von Energieverbrauch und Wirtschaftswachstum jene Größenordnungen erreicht, die lange Zeit in den Wohlstandsregionen der Welt vorherrschten. Das wird nicht ohne Folgen für die weltweite Nachfrage- und damit auch für die Preissituation bleiben.

1 *Arbeiten Sie – auch anhand von Beispielen – wesentliche Merkmale folgender Energieformen heraus: Primär-, Sekundär-, End-, Nutzenergie.*

2 *Charakterisieren Sie die Versorgungssituation Deutschlands bei Energierohstoffen.*

3 *Beschreiben Sie die Verteilung der Energierohstoffreserven (M4).*

4 *Stellen Sie Ursachen und Folgen des wachsenden Energiebedarfs von Entwicklungs- und Schwellenländern dar.*

6 Bedeutung der Rohstoffe für ausgewählte Länder im Globalisierungsprozess

Die führenden Industrienationen der Erde benötigen für ihre Produktion in den Sparten Fahrzeug- und Maschinenbau, chemische Industrie und Elektroindustrie große Mengen an metallischen und Energierohstoffen. Doch diese kommen in vielen Fällen nicht in den Industrienationen selbst vor, sondern müssen aus anderen Ländern importiert werden. Dies führt zu unterschiedlich ausgeprägten Rohstoffabhängigkeiten unter den Industrienationen.

M1 ***Rohstoffabhängigkeit ausgewählter Industrienationen in Prozent***

	USA	GB	Japan
Öl	54	0	98
Kohle	2	56	100
Gas	0	0	97
Uran	k. A.	100	100
Eisenerz	22	100	100
Nickel	100	100	100
Kupfer	52	100	100
Aluminium	100	100	85
Gold	k. A.	100	91
Zink	0	100	95

Nach http://www.treasury.gov.au/documents/1150/HTML/docshell.asp?URL=02_Medium_energy_minerals.asp

M2 ***Anteil des Außenhandels am BIP, 2008***

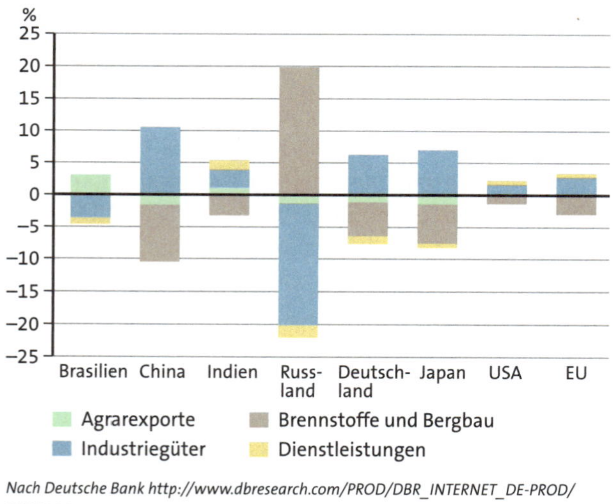

Nach Deutsche Bank http://www.dbresearch.com/PROD/DBR_INTERNET_DE-PROD/PROD0000000000257561.GIF, 2.8.2011

6.1 Japan

↓ *„Das Land verfügt über wenig eigene Vorkommen, bei den meisten Metallrohstoffen ist es importabhängig. Steigende Weltmarktpreise treffen Japan daher besonders hart. Bereits im Juli 2009 gab das Ministerium für Wirtschaft, Handel und Industrie (METI), unterstützt vom Japanischen Geologischen Dienst seine Strategy for Ensuring Stable Supplies of Rare Metals bekannt. Das Dokument identifizierte 31 Metalle als selten, darunter auch die Seltenen Erden. Im Juli 2010 stellten das METI und das Außenministerium ein integriertes System zur Sicherung von Industrieressourcen vor. Japan verfolgt eine Doppelstrategie. Erstens soll intensiver nach Substituten für kritische Metalle geforscht, der Recyclinganteil erhöht und die heimische Industrie durch Vorratslagerung vor Engpässen geschützt werden. Zweitens versucht das Land seine Bezugsquellen zu diversifizieren und den Zugang zu Rohstoffen im Ausland außerhalb Chinas zu verbessern. Seit Jahren suchen japanische Unternehmen – massiv unterstützt durch die Regierung – nach Alternativen insbesondere für die Seltenen Erden. Auch international ist Japan gut im Geschäft. Ein Kernelement ihrer Strategie ist die Beteiligung an ausländischen Unternehmen. Schließlich hat Japan im Juni 2010 angekündigt, die Suche nach Ressourcen am Meeresboden wieder aufzunehmen. Rund 340 000 Quadratkilometer der japanischen Ausschließlichen Wirtschaftszone (200-Seemeilenzone unter nationaler Jurisdiktion) im Ostchinesischen Meer und im Pazifischen Ozean sollen nach Metallen abgesucht werden. Große Vorkommen an Hochtechnologie-Metallen werden beispielsweise nahe der südjapanischen Inselprovinz Okinawa oder auch der nahe Tokio gelegenen Halbinsel Izu vermutet. Allerdings drohen neue Streitigkeiten mit China, da die Zugehörigkeiten der Ressourcen im Ostchinesischen Meer alles andere als geklärt sind.“*

Mildner, Stormy-Annika und Gitta Lauster: Machtressource Metalle – Achillesferse der alten Wirtschaftsnationen? In: Internationale Politik, Mai/Juni 2011, S. 56-57

↓ *„In 2009, Japan imported about 1.2 million metric tons (Mt) of copper, 99,000 metric tons (t) of lead, and 470,000 t of zinc, all in concentrates. Copper concentrate came mainly from Chile (39 %), Indonesia (20 %), Peru (15 %), and Australia (8 %). Lead concentrate was imported from Australia (48 %), the United States (29 %), and Bolivia (19 %) and zinc concentrate was supplied by Australia (32 %), Peru (25 %), and Bolivia (22 %). The country imported a total of 385,000 kilograms (kg) of cadmium metal from the Republic of Korea (57 %), Mexico (22 %), Germany (10 %), and Canada (10 %); it exported a total of 1,405,000 kg of cadmium metal to China (82 %) and India (18 %). Japan depended heavily on imported energy and tried to diversify its energy sources and to maintain high levels of energy efficiency. Important energy sources were.“*

http://minerals.usgs.gov/minerals/pubs/country/2009/myb3-2009-ja.pdf, 2.8.2011

6.2 Die Vereinigten Staaten von Amerika

„Im Gegensatz zu den beiden stark importabhängigen Industrienationen Deutschland und Japan verfügen die USA über eine recht gute Ressourcenausstattung. Allerdings weisen auch sie bei zahlreichen strategischen Metallen hohe Importabhängigkeiten auf. Denn nicht nur der Rohstoffbedarf des Landes ist enorm. Die heimische Förderung wurde aufgrund der niedrigen Weltmarktpreise in den neunziger Jahren und der strengen Umweltauflagen stark reduziert. Beispielsweise sind die USA bei Indium oder auch den Seltenen Erden zu 100 Prozent importabhängig; auch bei Lithium beträgt die Importabhängigkeit über 50 Prozent. Ähnlich wie im Fall Deutschlands sind die Rohstoffquellen dabei oftmals stark konzentriert. Die USA beziehen 91 Prozent ihrer Seltenen Erden aus China (Japan: 3 Prozent, Russland: 1 Prozent, 2005–2008); Lithium beziehen sie vor allem aus Chile (63 Prozent) und Argentinien (35 Prozent). Angesichts der Pläne der Obama-Administration, eine energiepolitische Wende einzuleiten, dürfte die Nachfrage nach diesen Metallen weiter steigen. Hinzu kommt die zentrale Bedeutung von Seltenen Erden für die Rüstungsindustrie, zum Beispiel bei der Herstellung von Radarsystemen. Im April 2010 legte das Government Accountability Office einen Bericht zu Rare Earth Materials in the Defense Supply Chain vor. Im Dezember 2010 folgte die Critical Materials Strategy des Energieministeriums 14 Metalle werden als kritisch, sechs davon als äußerst kritisch identifiziert: die fünf Seltenen Erden Dysprosium, Neodymium, Terbium, Europium und Yttrium sowie Indium. Die Eckpfeiler der Critical Materials Strategy sind Forschung und Entwicklung, Informationserhebung, heimische Förderung, Lagerbildung, Recycling, Ausbildung und Diplomatie. Eine besondere Rolle kommt der Nutzung heimischer Rohstoffquellen zu. Aufgrund der schwierigen Rechtslage und komplizierten Abstimmungsprozesse zwischen Bundesebene, Einzelstaat und lokaler Ebene dauert es heute allerdings noch im Schnitt sieben bis zehn Jahre, bis die Öffnung einer neuen Mine bewilligt wird. Im September 2010 stimmte daher das Abgeordnetenhaus mit großer Mehrheit für den Rare Earths and Critical Materials Revitalization Act, der die heimische Erschließung und Förderung Seltener Erden erleichtern soll. Zwar werden auch in der US-Strategie Rohstoffpartnerschaften genannt, doch versteckt sich dahinter ein anderes Konzept als in der deutschen Strategie. So soll die Zusammenarbeit mit Ländern wie Japan oder auch der EU beim Thema Rohstoffsicherheit verstärkt werden und aufbauend auf der Energiediplomatie vor allem auf China eingewirkt werden, um Marktverzerrungen und Versorgungsengpässe zu beseitigen.
Schließlich ist auch das Interesse der USA an Ressourcen des Meeresbodens groß. Die USA fördern bereits Öl und Gas offshore, mineralische Rohstoffe werden erforscht, insbesondere um die pazifischen Inseln. Allerdings lässt die Datenlage laut dem Geologischen Dienst derzeit noch keine verlässlichen Aussagen über das tatsächliche Potenzial für Mineralien in der Ausschließlichen Wirtschaftszone der USA zu. Da die USA bislang das Seerechtsübereinkommen der Vereinten Nationen nicht ratifiziert haben, ist die Suche nach Rohstoffen im Meeresboden für sie zudem eingeschränkt. So haben sie keinerlei Rechtsansprüche auf einen erweiterten Festlandsockel oder ein Explorations- und Fördergebiet in der so genannten ‚Area', dem Meeresboden der Hohen See."

Mildner, Stormy-Annika und Gitta Lauster: Machtressource Metalle – Achillesferse der alten Wirtschaftsnationen? In: Internationale Politik, Mai/Juni 2011, S. 57–59

M 3 Rohstoffimporte der USA 2010

Commodity		Major Import Sources (2006-09)
Arsenic (trioxide)	100 %	Marocco, China, Belgium
Asbestos	100 %	Canada
Bauxite and Alumina	100 %	Jamaica, Brazil, Guinea, Australia
Fluorspar	100 %	Mexico, China, South Africa, Mongola
Graphite (natural)	100 %	China, Mexico, Canada, Brazil
Indium	100 %	China, Canada, Japan, Belgium
Manganese	100 %	South Africa, Gabon, China, Australia
Niobium (columbium)	100 %	Brazil, Canada, Germany, Estoria
Quartz Crystal (industrial)	100 %	China, Japan, Russia
Rare Earths	100 %	China, France, Japan, Austria
Rubidium	100 %	Canada
Strontium	100 %	Mexico, Germany
Tantalum	100 %	Austria, China, Kazakhstan, Germany
Thallium	100 %	Russia, Germany, Netherlands
Thorium	100 %	United Kingdom, France, India, Canada
Yttrium	100 %	China, Japan, France
Gallium	99 %	Germany, Canada, China, Ukraine
Bismuth	94 %	Belgium, China, United Kingdom, Mexico
Platinum	94 %	South Africa, Germany, United Kingdom, Canada
Antimony	93 %	China, Mexico, Belgium
Germanium	90 %	Belgium, China, Russia, Germany
Diamond (dust, grit and powder)	85 %	China, Ireland, Russia, Republik of Korea
Cobalt	81 %	Norway, Russia, China, Canada
Titanium Mineral Concentrates	81 %	South Africa, Australia, Canada, Mozambique
Zinc	77 %	Canada, Peru, Mexico, Ireland
Barite	76 %	China, India
Tin	69 %	Peru, Bolivia, China, Indonesia
Vanadium	69 %	Rep. of Korea, Czech Rep., Canada, Austria
Tungsten	69 %	China, Canada, Germany, Bolivia
Silver	65 %	Mexico, Canada, Peru, Chile
Palladium	58 %	Russia, South Africa, United Kingdom, Belgium
Chromium	56 %	South Africa, Kazakhstan, Russia, China
Beryllium	47 %	Kazakhstan, Kenya, Germany, Ireland
Lithium	43 %	Chile, Argentina, China
Nickel	43 %	Canada, Russia, Australia, Norway
Aluminum	38 %	Canada, Russia, China, Mexico
Magnesium Metal	34 %	Canada, Israel, China, Russia
Gold	33 %	Canada, Mexico, Peru, Chile
Copper	30 %	Chile, Canada, Peru, Mexico
Salt	24 %	Canada, Chile, Mexico, The Bahamas
Sulfur	17 %	Canada, Mexico, Venezuela
Gypsum	15 %	Canada, Mexico, Spain
Phosphate Rock	15 %	Monacco

Nach Mildner, Stormy-Annika und Gitta Lauster. A.a.O., S. 59

1 Charakterisieren Sie die Rohstoffsituation Japans und der USA.
2 Erstellen Sie eine Rangfolge der Rohstoffimportabhängigkeit verschiedener Länder auf der Grundlage von M 2.
3 Arbeiten Sie die Strategien der beiden Länder zur Sicherung ihres Rohstoffbedarfs heraus.
4 Vergleichen Sie die Rohstoffstrategien Japans und der USA mit der Deutschlands.

6.3 Entwicklungsländer: Rohstoffsektor als „Garant“ für Wohlstand?

↓ *Zwei Länder in Afrika – zwei Welten*

„Nichts wächst hier von alleine, so karg ist das Land, dass die Kolonialmacht England ... Botswana weitgehend in Ruhe ließ. Viehzucht und etwas Ackerbau reichten gerade zum Überleben, Lohnarbeit gab es nur in den Minen des Nachbarlandes Südafrika. Und so wäre es wohl auch geblieben, hätte man nicht zwei Jahre nach der Unabhängigkeit [1966] Diamanten entdeckt. Inzwischen exportiert Botswana Rohdiamanten im Wert von über zwei Milliarden Dollar im Jahr, jeder dritte weltweit geförderte Diamant stammt aus Botswana.

Mitten in der Kalahari-Wüste leuchten jetzt saftig grüne Sportplätze. Auch die Gärten der schmucken Einfamilienhäuser sind gut gewässert. In Jwaneng liegt die ertragreichste Diamantenmine der Welt. Und Reichtum strahlt auch in die benachbarte Kleinstadt aus, in der die Minenarbeiter leben ...

In der Hauptstadt Gaborone werden die kostbaren Steine sortiert und exportiert. Botswana hat keine Staatsschulden. Im Gegenteil: Sechs Milliarden Dollar hat der Staat gewinnbringend im Ausland angelegt. Aus den Erlösen hat sich das 200 000-Einwohner-Städtchen Gaborone eine Skyline aus Glas und Edelstahl geleistet. Aber die Ministerien haben nicht nur eine moderne Fassade. Dahinter arbeitet eine funktionierende Bürokratie.

Der Reichtum an Diamanten ... ist fest in den Händen von Debswana, einem Unternehmen, das zur Hälfte dem Staat gehört. Dessen Regierung wird alle fünf Jahre neu gewählt, ... Botswana ist eines der wenigen afrikanischen Länder, die schon mehrere demokratische Machtwechsel erlebt haben. Und Korruption blieb ein begrenztes Problem. Auf der Rangliste der Korruptionsbekämpfer von Transparency International hat Botswana eine weit bessere Note bekommen als Italien oder Griechenland ... Heute ist Botswana reich und stabil genug, um einem Großteil der Bevölkerung ein angenehmes Leben zu ermöglichen.“

Dirk Asendorpf: Wo Afrika erfolgreich ist. In: Deutschlandradio 15.03.2005. http://www.dradio.de/dlf/sendungen/hintergrundpolitik/356838/(14.04.2011)

M1 Botswana – Republik Kongo: Ausgew. Strukturdaten 2009

	Botswana	Republik Kongo
Einwohner, Mio.	1,8	3,9
BIP/Kopf, US-$	13 100	3 090
natürliches Bevölkerungswachstum, %	1,9	2,5
Säuglingssterblichkeit (2009; pro 1 000 Geborene)	48	79
Bevölkerungsanteil mit Zugang zu sanitärer Grundversorgung, %		
– städtisch	74	31
– ländlich	39	29

Deutsche Stiftung Weltbevölkerung. Hannover. DSW-Datenreport 2010

M2 Slumbewohner von Brazzaville – Hauptstadt des Kongo

↓ *„Denis Christel Sassou-Nguesso kauft gerne ein. Teure Taschen, Schmuck, Designerware. Zwischen März 2004 und Oktober 2006 gab Nguesso Hunderttausende von US-Dollars für Luxusgüter aus, allein 35 000 im August 2006. An den vielen Dollars, die Denis Christel Sassou-Nguesso für die Edelmarken ausgibt, klebt Öl – und das Öl ist mit Blut vermischt. Denn er ist der Sohn von Denis Sassou-Nguesso, dem Präsidenten der Republik Kongo, dem bitterarmen und durch Bürgerkriege zerrütteten Land in Zentralafrika. 70 Prozent der etwa vier Millionen Einwohner verdienen ungefähr einen Dollar am Tag, also so viel wie der Sohn ihres Staatsoberhaupts an guten Tagen durchschnittlich alle zwei Minuten ausgibt.*

Die Republik Kongo ist eigentlich ein reiches Land – reich an Öl. Die Erlöse aus dem Ölexport beliefen sich 2006 auf mehr als 3 Milliarden US-Dollar. Würde das Geld gerecht verteilt werden, müssten viele Kongolesen nicht mehr unter der Armutsgrenze leben. Doch es bleibt hängen bei den Nguessos und Mitgliedern der Regierung. Denis Christel steht in Hongkong wegen Geldwäsche vor Gericht. Als Chef von Contrade, einer Tochterfirma der staatlichen Ölfirma SNPC, ist er für den Verkauf des kongolesischen Erdöls zuständig. Denis Christel und ein Kollege schaffen vermutlich einen Großteil der Einnahmen aus den Ölverkäufen über Strohfirmen ins Ausland. Geld, das viele Probleme des Landes hätte lindern können, so aber nur dem aufwendigen Lebensstil der korrupten Eliten dient ...

Das Unheil liegt nicht im Öl selbst, sondern im politischen Umfeld ... Oft haben Diktatoren das Sagen. ‚Mit dem Geld, das sie aus dem Verkauf der natürlichen Ressourcen erhalten, erstehen sie Waffen, räumen politische Gegner aus dem Weg und manipulieren Wahlen ...‘, sagt Mike Davis von der britischen Nichtregierungsorganisation ‚Global Witness‘. Der Opposition bleibt oft nur der bewaffnete Widerstand.“

Benedikt Sarreiter: Fluch des reichen Bodens. In: Das Parlament Nr. 37 vom 10.09.2007. S. 6

Verflucht Rohstoffe?

„Es klingt paradox: Länder, in deren Erde riesige Bodenschätze schlummern und deren Natur reich an Edelhölzern oder begehrten Agrarrohstoffen ist, gehören oft zu den ärmsten Nationen der Welt. Eine Konfliktforscherin [Marie Müller vom ‚Bonn International Center for Conversion' – BICC] erklärt, warum gerade jene Nationen verflucht zu sein scheinen, deren natürlicher Reichtum gigantisch ist.

Frau Müller, ist ein Land reich, das reich an Rohstoffen ist?

Auf den ersten Blick könnte man das meinen, die Realität sieht aber meist anders aus. Viele Staaten in Afrika verfügen über eine Fülle von Rohstoffen, ihr Entwicklungsstand ist aber gering, und die Bevölkerung verharrt in Armut oder wird durch gewaltsame Konflikte zermürbt. Für diese Situation [wurde der] Begriff des ‚Ressourcenfluchs' geprägt.

Ressourcenreichtum wirkt sich also manchmal negativ aus?

Es gibt Situationen, in denen es tatsächlich zum Fluch wird, gut mit begehrten Rohstoffen ausgestattet zu sein. Entwicklungsländer versäumen es beispielsweise oft, die nötigen Umweltstandards beim Abbau der Ressourcen zu definieren, an die sich die Rohstoffkonzerne dann halten müssen. Das führt dazu, dass ganze Bevölkerungsgruppen unter den katastrophalen Abbaubedingungen leiden. Das gilt für Uranminen im Niger ebenso wie für die Ölförderung in Nigeria. Dort steht auf ganzen Landstrichen das Öl knietief. Um Firmen anzulocken, räumen viele Staaten den Explorationsfirmen extrem günstige Rahmenbedingungen ein ... [Aber] bei der arbeitenden Bevölkerung kommt nicht viel von dem Rohstoffreichtum an. Für eine Unze Gold (28,35 Gramm), die bei uns gut 1 000 Dollar wert ist, bekommt ein Minenarbeiter in Westafrika gerade einmal 20 Dollar.

Welchen Einfluss haben korrupte Eliten?

[Sie] spielen in vielen Ländern eine große Rolle bei der ungleichen Verteilung des Rohstoffreichtums. Allein in den Jahren 1999 bis 2004 hat Nigeria, die wichtigste Ölnation in Afrika, knapp 100 Milliarden Dollar an Öleinnahmen eingefahren. Gleichzeitig kommen die staatlichen Gelder für die Entwicklung der Infrastruktur, Medizin und Bildung kaum bei der Bevölkerung an. Stattdessen verschwindet im staatlichen Machtapparat viel Geld in dunklen Kanälen ...

Was machen die Potentaten ... mit den Rohstoffgewinnen?

Ein großer Teil der illegal abgeschöpften Rohstoffgewinne fließt auf schwarze Konten in internationalen Finanzparadiesen. Die ehemaligen Diktatoren in Nigeria haben sie beispielsweise nach Großbritannien und in die Schweiz geschafft ... Die internationale Bankengesetzgebung muss daher verschärft werden. Auch eine Verschärfung der Bilanzierungsregeln würde helfen. Bisher müssen Konzerne ihre Gewinne nicht länderweise, sondern nur insgesamt ausweisen. Das erschwert die Kontrolle, wo viel verdient wird, immens ...

Es gibt aber auch Entwicklungsländer wie den Diamantenproduzenten Botswana, die ihren Ressourcenreichtum in Wohlstand für alle umwandeln. Was läuft hier anders?

... Botswana hat die Verträge mit der Diamantenfirma De Beers neu verhandelt und sich dadurch einen größeren Anteil an den Gewinnen gesichert ...

Länder wie China oder Saudi-Arabien kaufen sich massiv in die Dritte Welt ein, um die Kontrolle über Rohstoffe und Ackerflächen zu erlangen. Entsteht hier die Möglichkeit für die ärmsten Staaten der Welt, von ihrem Rohstoffreichtum zu profitieren?

Grundsätzlich ist es nicht nur negativ, wenn China oder arabische Staaten direkt in Afrika investieren. Nicht selten wird parallel zu Minenprojekten oder Ähnlichem die Infrastruktur verbessert, etwa Straßen gebaut oder der Wohnungsbau angekurbelt. Bei der Tatsache, dass Industriestaaten massiv Land in Entwicklungsländern kaufen, wäre ich vorsichtiger. Oft sind die Eigentumsverhältnisse dort nämlich rechtlich gar nicht geklärt."

Walther Rosenberger: „Verfluchte Rohstoffe". In: Stuttgarter Nachrichten 26.10.2010. Nr. 248

Botswana: Erfolge und Gefahren

„Der wirtschaftliche Erfolg Botswanas ist nahezu ausschließlich den bedeutenden Diamantenfunden Ende der [19]60er-Jahre zu verdanken, der Export von Diamanten repräsentiert etwa 30 % des BIP und 80 % der Exporterlöse des Landes ... Regelmäßige Haushaltsüberschüsse gaben der Regierung lange Zeit den Spielraum, ein Bildungs- und Gesundheitssystem für alle sehr kostengünstig, wenn nicht sogar kostenfrei anzubieten ...

Gleichzeitig droht Botswana eine soziale und menschliche Katastrophe, hervorgerufen durch HIV/AIDS sowie die allgemeine Perspektivlosigkeit der jungen Generation. Die Infektionsrate liegt bei Erwachsenen (Altersgruppe 15 bis 49 Jahre) bei etwa 39 %, bei jungen Frauen (25–29 Jahre) und Männern (35–39 Jahre) sogar über 50% und ist damit eine der höchsten der Welt."

Friedrich Ebert Stiftung, Referat Afrika: Projektländer Botswana (aktualisiert 09/2010) http://www.fes.de/in_afrika/pl_bots.htm (03.06.2011)

1. *Charakterisieren Sie die politische, wirtschaftliche und soziale Situation der Staaten Botswana und Republik Kongo.*
2. *Erklären Sie auf der Grundlage des Interviews (S. 23), warum Rohstoffe für Entwicklungsländer selten Reichtum, häufig aber Kriege und Armut bedeuten.*
3. *Analysieren Sie das Fallbeispiel Botswana, um die Interviewfrage – „Botswana – was läuft hier anders?" – zu beantworten.*
4. *Erörtern Sie, inwieweit es einem Land gelingen kann, den „Ressourcenfluch" zu bannen.*

***M1* Die London Metal Exchange**

6.4 Rohstoffbörsen

Börsen spielen eine zentrale Rolle für den weltweiten Handel mit Rohstoffen, seien es Agrar-, Industrie- oder Energierohstoffe. An den Rohstoffbörsen wird nicht nur nach den Gesetzen von Angebot und Nachfrage der jeweils günstigste Preis ermittelt, sondern die Börsen sind auch der Platz der Spekulation, durch die Preise in kürzester Zeit nach oben schießen und ins Bodenlose fallen können. Solche dramatischen Preisschwankungen verursachen immer wieder dramatische Konsequenzen entweder für Bergwerkskonzerne oder aber die rohstoffverarbeitenden Industrien. Um diesen Schwankungen entgegenwirken zu können, wurden für manche Rohstoffe (z. B. für Zinn oder Kupfer) so genannte Buffer Stocks eingerichtet. Das sind Vorratslager für die betreffenden Rohstoffe, die bei fallenden Preisen aufgestockt und bei stark steigenden Rohstoffpreisen Zusatzverkäufe ermöglichen. So können diese Lager als Puffer dienen und die Preisschwankungen für Rohstoffe eindämmen, was zu mehr Planungssicherheit bei allen Beteiligten führt. Mit der Errichtung der Buffer Stocks wurde eine wesentliche Forderung der Entwicklungsländer im Zuge der Neuen Weltwirtschaftsordnung realisiert.

↓ *„Rohstoffe stellen neben Aktien, Anleihen und Devisen eine eigene Anlageklasse dar und werden an Terminbörsen wie beispielsweise der Chicago Mercantile Exchange (CME) oder der London Metal Exchange (LME) gehandelt. Privatanleger können in einzelne Rohstoffe via Zertifikaten, Optionsscheinen oder Exchange Traded Commodities (ETCs) investieren, wobei mit entsprechenden Derivaten die Möglichkeit besteht, auch auf fallende Rohstoffnotierungen zu setzen. Alternativ können Aktien von Rohstoffunternehmen wie z. B. ExxonMobil oder K+S erworben werden."*

http://www.boerse.de/rohstoffe/, 2.8.2011

↓ ***„Die Rohstoffbörsen***

Rohstoffe werden im Kassamarkt oder als Derivate (Forwards, Futures oder Optionen) an einer oder auch an mehreren Rohstoffbörsen gehandelt. Dabei gibt es Börsen, die sich auf nur eine Rohstoffgruppe spezialisiert haben (z. B. die London Metal Exchange für Basismetalle), und andere, an denen mehrere Produktgruppen, wie z. B. Metalle und Getreide, gehandelt werden (so am Chicago Board of Trade). Hier sollen jedoch nur die Handelsplätze beschrieben werden, die für die Preisbildung von Industrierohstoffen relevant sind: für Gold und Silber die London Bullion Market Association (LBMA), für Platin und Palladium der London Platinum and Palladium Market (LPPM), für Basismetalle, (z. B. Aluminium, Kupfer) die London Metal Exchange (LME), für Öl die International Petroleum Exchange (IPE).

LBMA/LPPM: Die LBMA und die LPPM stellen die Ausnahme unter den Rohstoffmärkten dar: Sie sind keine Börsen, sondern OTC-Märkte (Over the Counter Märkte), die Parteien schließen direkt miteinander ab. Als Vermittler treten dabei in der Regel eine Bank oder ein Broker auf. Für solche OTC-Geschäfte mit Edelmetallen sind die LBMA und der LPPM die wichtigsten Märkte der Welt. Das Fixing, d. h. die Festsetzung eines Referenzpreises für Angebot und Nachfrage, erfolgt je nach Umfang zu einem früheren oder späteren Zeitpunkt, allerdings immer in der Zeit zwischen 9:45 und 14:00 Uhr.

LME: Die London Metal Exchange ist die weltweit bedeutendste Börse für Industriemetalle. 2003 betrug das Handelsvolumen 2 000 Mrd. US-Dollar. Gehandelt werden dort Aluminium, Blei, Kupfer, Nickel, Zink und Zinn. Außer bei Kupfer und Aluminium, die auch an der New York Mercantile Exchange gehandelt werden, verfügt die LME bei den anderen vier Metallen nahezu über eine Monopolstellung. Zwar wird an der Shanghai Metal Exchange dieselbe Produktgruppe gehandelt, allerdings ist diese Börse ein stark regional geprägter Markt. Die Mitglieder an der LME werden in fünf Kategorien eingeteilt, wobei den höchsten Rang die sogenannten ‚Ring Dealing Members' einnehmen, zu denen nur 11 Marktteilnehmer gehören. Nur diese Mitglieder haben das Recht, im Ring (vergleichbar mit unserem Parkett) zu handeln. Die Société Générale gehört zu diesem Kreis.

IPE: 1980 entstand die IPE aus einem gemeinsamen Projekt von Energieunternehmen und institutionellen Futureshändlern. 1988 wurde zum ersten Mal ein Future auf Brent notiert. Heute ist die IPE die führende europäische Börse für Futures und Optionen auf Energieprodukte, der Tagesumsatz beträgt über 2 Mrd. US-Dollar. Der Handel findet entweder elektronisch oder als ‚Open Outcry Trading' im Pit (vergleichbar mit unserem Parkett) statt. Dabei kann die englische Bezeichnung ‚Open Outcry' durchaus wörtlich verstanden werden, denn lauter Zuruf, unterstützt durch standardisierte Handzeichen, ist hier Mittel der Kommunikation."

http://www.finanztip.de/recht/bank/rohstoffboersen.htm, 2.8.2011

M2 ***Entwicklung der Rohstoffpreise***

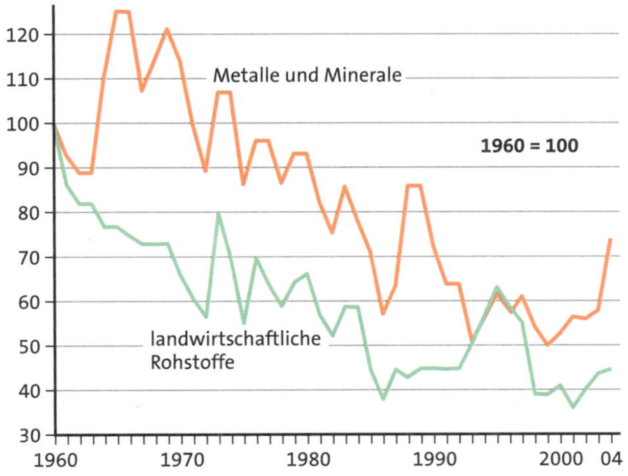

Nach: http://www.welthungerhilfe.de/fileadmin/media/bilder/Infografik/rohstoff-preise_gross.jpg, 2.8.2010

M3 ***Preisentwicklung unterschiedlicher Rohstoffklassen (Index: 1.1.2001 = 100)***

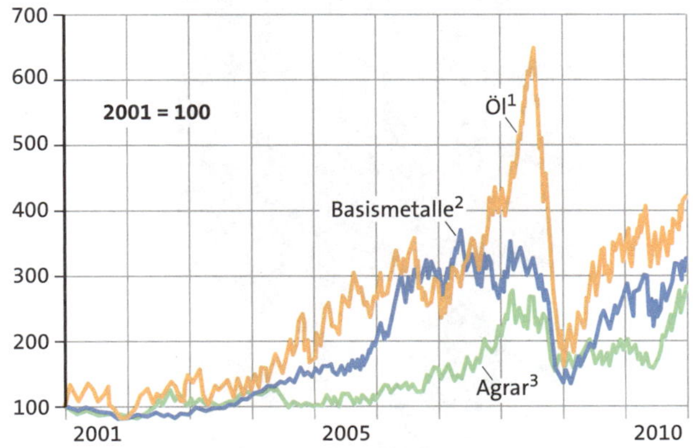

[1]Brent; [2]LME-Index; [3]S&P GSCI Agriculture Spot;

Nach Wirtschaftswoche: http://static.wiwo.de/media/1/rohstoffe-preis-hi-gif_555862.gif, 2.8.2011

„Interview mit einem Börsenfachmann

taz: *Herr Henn, die Preise für Rohstoffe wie Silber, Weizen oder Öl sind in den vergangenen Tagen an den Börsen eingebrochen. Warum?*

Markus Henn: *Es gibt Ängste zur weltwirtschaftlichen Entwicklung, etwa wegen der Ereignisse in Japan. Allerdings bedeutet der Einbruch eher eine Korrektur von vorher zu hohen Preisen. Bezeichnend ist, dass der vorherige Boom alle Rohstoffe betroffen hat und dass jetzt auch alle vom Preissturz betroffen sind. Die Anleger drängen also kollektiv in Märkte, wenn diese hohe Gewinne versprechen – und jetzt steigen sie kollektiv wieder aus.*

taz: *Bilden die Preissprünge an Börsen den physischen Markt ab?*

Henn: *Nur zum Teil. Ein gutes Beispiel ist Weizen. Der war vor drei Jahren schon einmal sehr teuer. Damals waren die Lagerbestände tatsächlich knapp, doch selbst da spielte Spekulation eine zentrale Rolle. 2010 nun waren die Ernten gut, die Lagerbestände sind relativ hoch – und trotzdem stieg der Preis. Mit der Nachfrage in China oder dem Biosprit allein lässt sich das nicht erklären. Auch Silber ist völlig überbewertet. In diesen Markt sind Anleger geflüchtet und haben ihn aufgebläht. Nun platzt dort eine Blase.*

taz: *Ist der Run auf Rohstoffe an den Börsen schon vorbei?*

Henn: *Wohl nicht, denn die Banken versprechen immer wieder große Gewinne mit Rohstoffen. Aber sie schaffen es oft nicht, diese Versprechen einzuhalten. Wer natürlich immer Geld verdient, sind die Banken und Fonds mit ihren hohen Gebühren.*

taz: *Wie wirken die stark fallenden oder steigenden Preise auf die Realwirtschaft?*

Henn: *Die Wirtschaft, die die Rohstoffe nutzt, also Produzenten wie Bauern und Nutzer wie Stahlwerke, haben unterschiedliche Interessen bei Preisen – aber stabile Preise wollen beide. Sie müssen die Rohstoffpreise in ihre Kalkulation aufnehmen und sich gegen starke Schwankungen an den Börsen absichern. In Europa lässt sich beobachten, dass mit der Liberalisierung der Landwirtschaft Preisschwankungen einhergehen. Damit werden die Terminbörsen wichtiger, um den weniger regulierten Handel abzusichern. Vielen Spekulanten hingegen sind schwankende Preise recht, denn sie verdienen daran.*

taz: *Die Europäische Union will die Börsen stärker regulieren. Werden dadurch auch die Preissprünge begrenzt?*

Markus Henn: *Die EU arbeitet gerade an zwei wichtigen Gesetzen dazu. Was genau kommen wird, ist schwer zu sagen. Erwartet wird aber, dass die Kommission für mehr Transparenz im Handel sorgen wird. Zum Beispiel in den USA muss die Regulierungsbehörde ... wöchentlich veröffentlichen, welche Händlertypen, also etwa Firmen oder Fonds, welche Rohstoff-Futures gekauft haben. So eine Berichtspflicht wird es wohl auch in Europa geben.*

taz: *Ist mehr Transparenz die Lösung?*

Markus Henn: *Nein. Das sehen wir in Großbritannien. Dort kaufen regelmäßig einzelne Händler die Rohstoffmärkte leer, zuletzt ist das mit Kakao oder Kupfer passiert. In der Regel weiß man zwar, wer's war, doch das nutzt nichts. Die Hersteller müssen trotzdem höhere Preise zahlen.*

taz: *Welche Regeln werden noch diskutiert?*

Markus Henn: *Die Regulierungsbehörden für Wertpapiere könnten verpflichtet werden, die Marktteilnahme über Positionslimits stärker zu kontrollieren. Das heißt, Händler dürften nur eine begrenzte Anzahl von Verträgen abschließen. Außerdem könnte man die Preisentwicklung kontrollieren wie in den USA. Der Handel würde ausgesetzt, wenn die Preise über eine bestimmte Grenze fallen oder steigen."*

Heike Holdinghausen im Gespräch mit Markus Henn am 12.05.2011. http://www.taz.de/!70599, 2.8.2011-08-02

1 *Erstellen Sie eine tabellarische Übersicht über die bedeutendsten Rohstoffbörsen.*
2 *Erläutern Sie die Funktionsweise eines Buffer Stock.*
3 *Beschreiben Sie die Entwicklung der Rohstoffpreise seit 1960.*
4 *Analysieren Sie die Preisschwankungen von Rohstoffen auf der Grundlage des Interviews.*

Deutsche Verlags Anstalt (DVA), München 2008

Oekom-Verlag München 2009

7 Krieg um Rohstoffe?

Wie in Kapitel 2 dargelegt, vermitteln auch aktuelle Publikationen den Eindruck, dass die Rohstoffknappheit massiv zunimmt. Dies gilt nicht nur für die Energierohstoffe, sondern gleichermaßen auch für die vor allem in der Industrie benötigten mineralischen Rohstoffe wie Kupfer, Eisen oder die „Seltenen Erden" sowie die Agrarrohstoffe. Auch die Entwicklung der Rohstoffpreise unterstreicht diesen Eindruck, so dass auch die zunehmend diskutierte Möglichkeit von Konflikten, ja selbst von Kriegen um Rohstoffe diskutiert wird und realistisch erscheint.

↓ ***„Krieg um Rohstoffe?***

Die global ungleiche Verteilung der Rohstoffe sowie die Tatsache, dass lediglich ein Fünftel der Menschheit etwa vier Fünftel aller Rohstoffe konsumiert, umreißt ein Ungleichgewicht, das per se Spannungen zu erzeugen vermag und ein Konfliktpotenzial darstellt. Wird diese Ambivalenz in Zeiten großer Nachfrage – wie sie in den letzten Jahren zu beobachten ist – weiter verschärft, sehen viele Beobachter Konflikte um Rohstoffe am Horizont der nahen Zukunft erscheinen. Werden also Kriege um Rohstoffe und Ressourcen unsere Zukunft bestimmen?

Ein Blick auf eine Karte der Rohstoffvorkommen und -produktion genügt, um zu erkennen, dass sich Staaten und Regionen extremen Rohstoffreichtums wie der Westen der USA, Südafrika oder Australien solchen ohne nennenswerte Reserven gegenüberstehen, wie dies etwa in Teilen Ostafrikas oder des festländischen Südostasiens der Fall ist. Mit dem weiterhin steigenden Lebensstandard bei einem Teil der Weltbevölkerung und dem von Klimaveränderung und abnehmender Biodiversität geprägten globalen Wandel geht offenbar die Verknappung der Ressourcen insbesondere in den Entwicklungsländern einher. Diese Beobachtung gilt gleichermaßen für existenzielle und/oder erneuerbare Ressourcen wie Wasser, Wald, Ackerland und Pflanzenvielfalt sowie für nichterneuerbare mineralische und energetische Rohstoffe. Die regional unterschiedlich ausgeprägte Knappheit von Rohstoffen wird infolge der steigenden Nachfrage verschärft und zeigt zunächst Auswirkungen und Reaktionen im gesellschaftlichen Bereich. In betroffenen Gesellschaften und Regionen sind in aller Regel Verarmungsprozesse zu beobachten, auf die viele Menschen mit Abwanderung reagieren. Je nach den besitzrechtlichen Verhältnissen und der ethnischen Zusammensetzung einer Rohstoffregion bauen solche Verknappungstendenzen auch ethnische Spannungen auf, die – so die Szenariobeschreibungen von Konflikttheorien – zu gewaltsamen Konflikten führen können ... Dennoch ist zu beobachten, dass gerade Länder mit großem Rohstoffreichtum weit mehr negative Folgen zu gewärtigen haben als solche mit geringen Bodenschätzen. Dieses seit Anfang der 1990er-Jahre als ‚Ressourcenfluch' bezeichnete Phänomen ist insbesondere am Beispiel der ölproduzierenden Länder nachgewiesen worden. Die negativen Folgen erscheinen dabei in Gestalt übermäßiger Verschuldung, Diktatur, Korruption, Vernachlässigung der Bildung, politischer Instabilität und bewaffneter Konflikte sowie Umweltzerstörung und Armut, die ihrerseits wiederum Konflikte initiieren können.

Vor dem Hintergrund dieser Analysen diskutieren Konfliktforscher die Frage, ob die Kriege der jüngsten Vergangenheit seit der weltpolitischen Wende 1989/91 als Ressourcenkriege anzusehen sind. Diese Theorien gehen medial aufbereitet in vielfältiger Form in die tagespolitische Berichterstattung sowie die Titulierung rohstoffbezogener Publikationen ein (s. o.). ‚Der Kampf um die Rohstoffe', ‚Kriege um Ressourcen' oder ‚Natural resour-

ces and armed conflict' sind Buchtitel, die uns in den letzten Jahren eine äußerst besorgniserregende nahe Zukunft prophezeien, wenngleich die Lektüre dieser Publikationen in aller Regel bei weitem nicht die im Titel anklingende Klarheit der Konflikt- und Kriegsthesen bestätigt, sondern die Möglichkeit solcher Konflikte allenfalls andeutet. Eben hier setzen Detailstudien an, die medial als Rohstoffkriege charakterisierte Kampfhandlungen untersuchen und immer wieder zu ähnlichen Ergebnissen kommen. Danach lassen die untersuchten kriegerischen Auseinandersetzungen erkennen, dass Rohstoffe und/oder Ressourcen zwar in vielen Fällen einen Aspekt der Auseinandersetzungen darstellen, in aller Regel aber nicht deren Ursache sind ... Auch die aktuell in Diskussion stehenden Konfliktszenarien um die chinesische Rohstoffpolitik in Afrika sowie die Bestrebungen arktischer Anrainerstaaten, an die dort erwartenden Öl- und Gasvorkommen zu gelangen, müssen keineswegs zwangsläufig zu Konflikten führen. Vielmehr bietet jede dieser Situation gleichermaßen Möglichkeiten zur Kooperation. Angesichts der zu konstatierenden globalen Herausforderungen müsste ein solcher auf Kooperation ausgerichteter internationaler Konsens zur Etablierung eines ‚Global Deal' zur Nachhaltigkeit führen. In diesem spielen energie- und rohstoffrelevante Effizienzsteigerungen durch geeignete Produktionsverfahren ebenso eine Rolle wie radikale Recyclingverfahren, Suffizienzstrategien (Stragien des maßvollen Verbrauchs von Ressourcen) in den reichen Ländern, umweltschonende Verfahren der Rohstoffgewinnung oder gar der Verzicht auf die Gewinnung nachgewiesener Ressourcen, wie es Ecuador hinsichtlich seiner im östlichen Landesteil unter extrem artenreichem Regenwald lagernden Erdölvorkommen eben dieses praktiziert. Die global konzertierte Umsetzung dieser Konzepte birgt das Potenzial einer gleichermaßen nachhaltigen wie konfliktarmen globalen Entwicklung, in der Kriege um Rohstoffe nicht vorkommen (müssen)."

Thomas Hoffmann: Krieg um Rohstoffe? In: Praxis Geographie, Heft 4, 2010, S. 36–37 (leicht gekürzt)

Die Studie „Konfliktrisiko Rohstoffe?" der Stiftung Wissenschaft und Politik setzt sich mit der Frage auseinander, ob zunehmende Ressourcenknappheit tatsächlich zu Konflikten führt oder zur Verschärfung bestehender Konflikte beiträgt. Zur Beantwortung dieser Frage wurden den folgende Erkenntnisse zusammengetragen:

↓ *„Verteilung und Zugang: Nicht die absolute Knappheit, gemessen am physischen Vorkommen eines Rohstoffs, birgt Konfliktpotenziale. Entscheidend sind vielmehr eine ungleiche Verteilung und ein ungleicher Zugang ... Zudem finden sich Lagerstätten oftmals in politisch instabilen Ländern. Dies vergrößert das Konfliktpotenzial.*
Länder sind in unterschiedlichem Maße verwundbar gegenüber Versorgungsengpässen und Preisschwankungen. Wie hoch die Verwundbarkeit ist, hängt vor allem von der jeweiligen Export- bzw. Importabhängigkeit sowie der Bedarfssituation ab. Interdependenzen zwischen Ländern können Anreize zur Kooperation bieten, während sich einseitige Dependenzen häufig konfliktverschärfend auszuwirken drohen.
Konfliktursachen: Konflikte um Ressourcen entstehen nur selten aus der einen Verteilungskonkurrenz heraus ... Das Eskalationsrisiko steigt jedoch, wenn Ressourcenkonkurrenz mit anderen Konfliktgegenständen verknüpft wird. Weitere Faktoren sind beispielsweise die innerstaatliche Machtverteilung zwischen Regierungseliten und gesellschaftlichen Gruppen, der Kampf um regionale Vorherrschaft oder ideologische Streitigkeiten.
Wahrnehmung und ‚Versicherheitlichung': Ob Konkurrenz um einen Rohstoff zum Konflikt führt, hängt nicht nur von objektiven Problemen bei Zugang und Verteilung ab. Wichtig ist auch, wie die Situation medial und politisch dargestellt wird und wie die jeweiligen Akteure sie subjektiv wahrnehmen. Eine aufgeheizte Rhetorik und ‚Panikmache' können die Bedrohungsperzeption verstärken.
Problemlösungskapazitäten: Ob aus Konkurrenz tatsächlich ein latenter oder manifester Konflikt entsteht, hängt schließlich auch von den Problemlösungskapazitäten und dem entsprechenden Willen der beteiligten Akteure ab.
Ressourcenmanagement und -government: Es gibt zahlreiche Instrumente, mit denen sich Konfliktrisiken reduzieren und bestehende Konflikte einhegen lassen. Neben dem nationalen Ressourcenmanagement zählen dazu internationale Regelwerke und Streitschlichtungsverfahren."

Aus: Stormy-Annika Mildner, Solveig Richter, Gitta Lauster: Konfliktrisiko Rohstoffe? Selbstverlag der Stiftung Wissenschaft und Politik Berlin 2011, S. 6–7

1 *Bewerten Sie auf der Grundlage des Kapitel 7 (S. 26–35) im Rahmen eines Gruppenpuzzles das Konfliktpotenzial von Rohstoffen bzw. die Wahrscheinlichkeit, dass in Zukunft Kriege um Rohstoffe ausbrechen werden.*
Erstellen Sie in den Expertengruppen dazu zunächst eine tabellarische Übersicht zu den Rohstoffvorkommen bzw. -regionen Seltene Erden, Lithium, die Arktis und die Weltmeere. Nutzen Sie dazu den Atlas.

	Seltene Erden	Lithium	Weltmeere	Arktis
Lage der Vorkommen				
Mengen				
Verfügungsgewalt				
...				
...				
...				
Konfliktpotenzial				

M1 Seltene Erden in einem Hybridfahrzeug

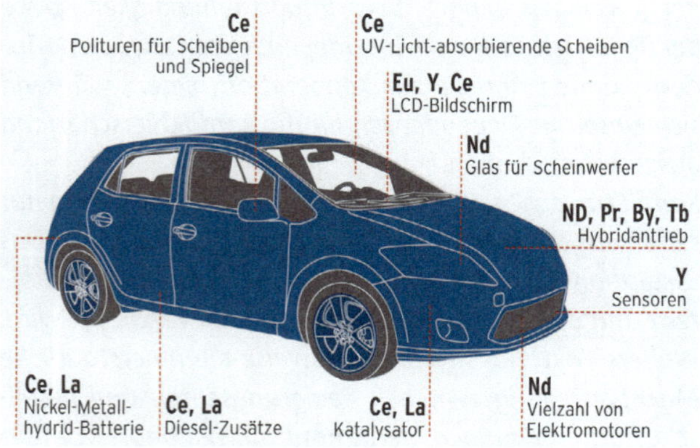

http://www.faz.net/s/Rub58BA8E456DE64F1890E34F4803239F4D/Doc~EE02958EE2DE4413CB1842D708EDA827B~ATpl~Ecommon~Scontent.html, 25.7.2011

7.1 Konfliktstoff Seltene Erden?

↓ ***„Weder Erden, noch selten***

Rare Earth hieß die Rockband, die 1969 ‚I'm Losing You' sang. Der Songtitel passt zu den aktuellen Klageliedern aus der Industrie über die Verknappung der Seltenen Erden. ‚Die Lage ist sehr ernst', sagt der Unternehmer Ulrich Grillo, Vorsitzender des rohstoffpolitischen Ausschusses des deutschen Industrieverbands BDI. Sogar die Existenz einiger Unternehmen sei gefährdet. Die Seltenen Erden machen zwar nur einen Promilleanteil am Rohstoffeinsatz für Industrieprodukte wie Elektroautos, Windkraftrotoren oder Mobiltelefone aus, sind aber essenziell. Die gute Nachricht aber ist, dass Seltene Erden gar nicht selten sind. Es wird nur noch eine gewisse Zeit dauern, bis sie auch jenseits von China wieder in relevanten Mengen abgebaut werden.

Seltene Erden – also die chemische Gruppe der Lanthanoide – haben auch nichts mit Erde zu tun, sondern sind Metalle, die wiederum geologisch eine Massenware sind. Doch viele Vorkommen blieben in den vergangenen Jahren unangetastet, da China dank niedriger Arbeitskosten, Umwelt- und Arbeitsschutzstandards konkurrenzlos günstig abbauen konnte. Nun aber, da Peking die Exporte des Seltene-Erden-Konzentrats mit dem Namen ‚Mischmetall' seit Jahren und 2010 sogar um rund 40 Prozent kürzt, ist der Aufschrei groß. Industrieunternehmen fühlen sich erpresst, Produktionsstandorte nach China zu verlagern. Die chinesische Regierung beteuert jedoch, ihre Macht nicht als Druckmittel einsetzen zu wollen.

Nach eigenem Bekunden will das Land auch weiterhin den Weltmarkt mit den für die Hightech-Branche wichtigen Rohstoffen bedienen ... Doch so recht traut die westliche Welt den Bekundungen offenbar nicht. Ungeachtet dessen wollen sich die Vereinigten Staaten, Japan, Europa und andere Verbündete ... nach Alternativen umschauen.

Seltene-Erden-Metalle wie Scandium, Lanthan, Yttrium oder Neodymoxid gelten wegen ihrer elektrischen und magnetischen Eigenschaften als unentbehrlich für die Herstellung von Starkmagneten, Batterien, Lasergeräten, Katalysatoren, Flachbildschirmen oder Windkraftanlagen. Derzeit fördert China mehr als 95 Prozent der auf der ganzen Welt abgebauten 124.000 Tonnen. Nun blicken also plötzlich deutsche wie amerikanische Unternehmer erschrocken auf ihre totale Abhängigkeit von China. Die Unternehmen sind daran aber nicht ganz unschuldig: Sie kauften lange Zeit Rohstoffe nur dort, wo sie günstig waren, verfolgten aber keine langfristige Strategie ... In Japan, dem China zuletzt angeblich keine Seltenen Erden mehr lieferte, hat sich das schon geändert. Von dort aus erschließen nun die Unternehmen Toyota Tsusho und Sumitomo zusammen mit Partnerunternehmen Vorkommen in Vietnam und Kasachstan. Als eine Folge des Engpasses dürfte auch die deutsche Industrie sich künftig verstärkt um Beteiligungen an der Förderung bemühen ... In spätestens fünf Jahren dürfte sich die Knappheit an Seltenen Erden wieder legen. ‚Die Position Chinas als führender Rohstofflieferant wird übertrieben dargestellt', sagt Jens Gutzmer, Professor für Lagerstättenforschung an der TU Bergakademie Freiberg. ‚Sie basiert nicht auf einem außergewöhnlichen Reichtum an Bodenschätzen, sondern wesentlich auf niedrigen Lohnkosten und geringen Umweltschutzkosten in China, sowie dem politisch-strategischen Willen der Regierung, heimische Rohstoffe zu nutzen.' ...

Die Entwicklung in den Vereinigten Staaten war musterhaft für die Industrieländer. Während 1990 noch mehr als ein Drittel der Weltförderung Seltener Erden in Amerika stattfand, wird dort seit 2001 gar nicht mehr gefördert. Auch Schwierigkeiten mit Umweltbehörden trugen dazu bei. Zugleich vervierfachte sich die Importmenge. Nach Daten der Behörde U.S. Geological Survey verfügen die Vereinigten Staaten noch heute über rund 13 Prozent der Weltreserven, China über gut ein Drittel. In der kalifornischen Mountain Pass Mine solle bald wieder gefördert werden, kündigte der amerikanische Konzern Molycorp an, der größte westliche Förderer Seltener Erden. Bis Ende 2012 sollten dort 20.000 Tonnen ‚Mischmetall' im Jahr gewonnen werden, etwa ein Sechstel der globalen Produktion.

Auch in anderen Erdteilen erwägen Bergbaukonzerne neue Förderungen. Lynas will in Australien schon im kommenden Jahr wieder fördern, der Konzern Avalon Rare Metals einige Jahre später in Kanada. Selbst in Deutschland könnte ein kleineres, zugleich aber das angeblich einzige Vorkommen in Mitteleuropa, künftig wirtschaftlich ausgebeutet werden: Im sächsischen Ort Storkwitz lagern in 170 bis 900 Metern Tiefe angeblich 41.600 Tonnen Seltene-Erden-Metalle, darunter Neodym. Die Deutsche Rohstoff AG mit Sitz in Heidelberg verhandelt mit einem internationalen Bergbau-Unternehmen über gemeinsame Tiefbohrungen. Ein Industrieunternehmen habe sich schon das Abnahmerecht gesichert ... Im kommenden Jahr werde eine Entscheidung fallen, frühestens 2013 könnten die Erden ausgeliefert werden.

Jan Grossarth: Weder Erden, noch selten. In: Frankfurter Allgemeine Zeitung vom 31.10.2010

M2 Seltene Erden

Name	Symbol	Endnutzung
Cerium	Ce	Katalysatoren, Keramik, Glas, Misch-Metalle, Poliermittel
Dysprosium	Dy	Keramik, nukleare Anwendungen
Erbium	Er	Keramik, Glasfärbung, Glasfaser, Laser und nukleare Anwendungen
Europium	Eu	Phosphate
Gadolinium	Gd	Keramik, Glas, medizinische Bildvisualisierung, Magnetprüfungsgeräte
Holmium	Ho	Keramik, Laser und nukleare Anwendungen
Lanthanum	La	Katalysatoren, Keramik, Glas, Phosphate und Pigmentteilchen
Lutetium	Lu	Einkristall-Szintillatoren
Neodymium	Nd	Katalysatoren, Filter, Laser, Dauermagnete und Pigmentteilchen
Praseodymium	Pr	Keramik, Glas und Pigmentteilchen
Promethium	Pm	Miniatur-Nuklearbatterien und Messgeräte
Samarium	Sm	Mikrowellenfilter, nukleare Anwendungen und Dauermagnete
Scandium	Sc	Raumfahrt, nukleare Anwendungen, Beleuchtung und Halbleiter
Terbium	Tb	Phosphate
Thulium	Tm	Elektrostrahlröhren und medizinische Bildvisualisierung
Ytterbium	Yb	Chemie und Metallurgie
Yttrium	Y	Kondensatoren, Radarsysteme und Supraleiter

http://www.rohstoff-welt.de/news/artikel.php?sid=22821, 27.4.2011

M4 Förderung und Nachfrage nach Seltenen Erden

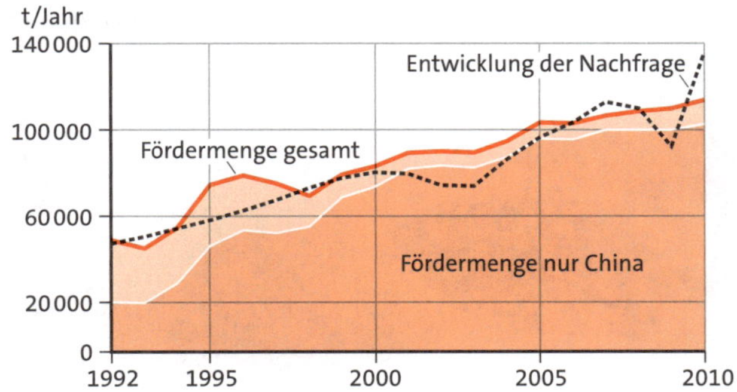

Nach http://d1.stern.de/bilder/stern_5/wirtschaft/2010/KW52/selteneerden_noscale.jpg, 28.7.2011

M5 Preise seltener Erden

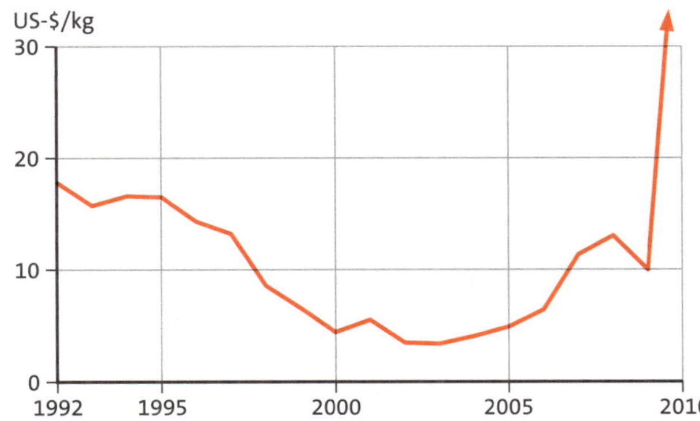

Nach http://d1.stern.de/bilder/stern_5/wirtschaft/2010/KW52/selteneerden_noscale.jpg, 28.7.2011

M3 Vorkommen Seltener Erden

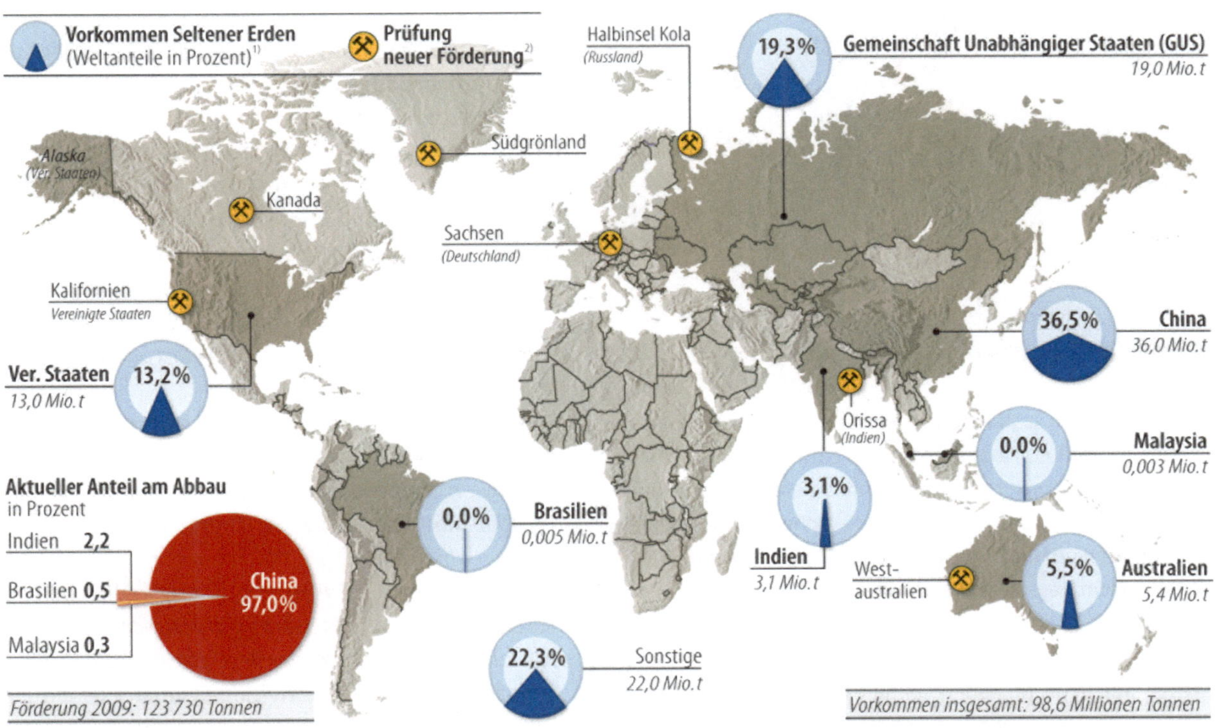

1) Seltene Erden (15 verschiedene Lanthanide, Scandium und Yttrium), die unter den derzeitigen Bedingungen wirtschaftlich ausgebeutet werden könnten. 2) Neue Förderung oder Wiederaufnahme in den kommenden Jahren wird geprüft oder geplant.
Quellen: U.S. Geological Survey 2009; Unternehmensangaben, Presseberichte 2010 / F.A.Z.-Grafik Brocker

http://www.faz.net/s/Rub0E9EEF84AC1E4A389A8DC6C23161FE44/Doc~EF40E93507459495DA4B951BB62A8516C~ATpl~Ecommon~SMed.html#4474154114E54AE7AD044690E9A8CCDC, 20.7.2011

M 1a ***Lithiumgewinnung im Salar de Uyuni, Bolivien***

M 1b

M 1c

1a In der Salzkruste des Salar de Uyuni werden erste Verdunstungsbecken zu Probezwecken angelegt. Die intensive Sonneneinstrahlung lässt das Wasser verdunsten, das darin gelöste Lithium bleibt zusammen mit anderen Stoffen zurück.

1b Für die Gewinnung von Lithium im großen Stil werden entsprechend großflächige Verdunstungsbecken gebaut.

1c Die mächtigen Salzablagerungen des Salar de Uyuni enthalten das begehrte Lithium. Die in dem riesigen Salzsee im Süden des Landes lagernden Lithiumvorkommen werden auf neun Millionen Tonnen geschätzt. Das ist mehr als ein Drittel der weltweit bekannten Lithiumvorkommen von 25,5 Mio. Tonnen.

7.2 Krieg um Lithium?

„Das weiße Gold der Zukunft" wird Lithium immer wieder genannt, wenn es darum geht, die im Salar de Uyuni im Süden Boliviens gelegenen Vorkommen zu beschreiben. In dieser Bezeichnung schwingt sowohl der Wert des Rohstoffs wie auch die Hoffnung auf reiche Gewinne in naher Zukunft mit. Wer sich jedoch an diesem Schatz bereichern wird oder kann ist wesentlicher Kern des Konfliktpotenzials von Lithium – ob in Chile, Afghanistan oder künftig in Bolivien.

↓ ***„Bolivien und sein weißes Gold – Interview Deutschland-Radio***

Matthias Hanselmann: *Es ist das leichteste Metall der Erde und es gilt als das Öl des 21. Jahrhunderts. Sein Name: Lithium ... Schon jetzt ist Lithium begehrter Rohstoff für zum Beispiel Handy- oder Laptopakkus. Ein gigantischer Ansturm auf das Metall wird aber erwartet, wenn sich die Zahl der Elektroautos erhöhen wird, und das wird für die kommenden Jahre erwartet. Im Jahr 2020, so haben seriöse Marktforscher berechnet, werden schon 26 Prozent der Neuwagen in China, Japan, den USA und Westeuropa Elektro- oder Hybridfahrzeuge sein. Das wären rund 14 Millionen Autos, die wiederum Lithium-Ionen-Batterien benötigen werden. Lithium, das weiße Gold, kommt unter anderem in einigen Gesteinsarten vor sowie in großen Salzseen unserer Erde. Der größte davon heißt Salar de Uyuni, befindet sich in Bolivien und soll die unglaubliche Menge von neun Millionen Tonnen Lithium enthalten. Das ist über ein Drittel dessen, was auf der Erde vorkommt. Schon wird Bolivien deshalb als Saudi-Arabien des Lithiums bezeichnet. Aber wie geht das Land damit um? Wer wird Lithium exportieren dürfen und wer nicht? Der Präsident Boliviens, Evo Morales, hat verkündet, dass er aus dem Silberraub durch die Konquistadoren im 16. Jahrhundert lernen wolle. Er will eine erneute Ausplünderung seines Landes verhindern, also einen neuen Rohstoff-Kolonialismus. Wir sprechen jetzt mit der Ethnologin Juliana Ströbele-Gregor. Sie ist Bolivien-Expertin und hat selbst Feldstudien am Salar de Uyuni betrieben ...*

Hanselmann: *Morales will das Land vor Ausbeutung schützen. Er will unter anderem, dass Lithium auch gleich in Bolivien verarbeitet wird, zum Beispiel zu Batterien, um eben die Arbeitsplätze im Land zu halten. Kann er das, ist das realistisch?*

Ströbele-Gregor: *... Das wird auf eine Reihe von Hindernissen oder jedenfalls Herausforderungen stoßen. Das hat zu tun mit Fragen der Technologie, da ist Bolivien sicherlich noch zu sehr Entwicklungsland. Es hat auch damit zu tun, dass diese Region – der Salar de Uyuni – auf dem Hochland in Bolivien in 3.600 Metern liegt, in einer Region, die die ärmste von Bolivien ist, arm auch an Infrastruktur, an Verkehrswegen, an Elektrizität.*

Hanselmann: *Sie haben auch einige Konfliktherde ausgemacht, die Sie im Bezug auf die Lithiumgewinnung sehen. Welche sind das?*
Ströbele-Gregor: *Ich sehe Konfliktherde, die in Zukunft entstehen werden oder die zum Teil schon entstanden sind. Da ist einmal, was ich in den Mittelpunkt stellen will, die Frage der Partizipation. In der neuen Verfassung, die Bolivien sich 2009 samt Referendum und unter starker Beteiligung der indigenen Bevölkerung gegeben hat, ist eine starke Partizipation und Entscheidungsbefugnis der Bevölkerung vor Ort vorgesehen. Und dies hat in der Weise, wie es die Verfassung vorsieht, bisher nicht stattgefunden. Hier wird es sicherlich heftige – und das hat es in der Stadt Potosi auch schon gegeben – Forderungen einer Umverteilung der Quote nach Verteilung der Einnahmen geben.*
Zweitens: Ein großes Problem ist das Umweltproblem. Wie bei allen Bergbau-Unternehmen ist das ja immer etwas, was sehr zulasten der Umwelt geht. Und hier, in einer Region, die sehr sensibel ist, sehr wasserarm, sind die Wasserquellen in besonderer Weise betroffen, weil durch den Lithiumabbau viel Chemie in das Grundwasser gehen wird. Die Grundwasservorkommen aber sind notwendig für die Ackerbauern und Viehzüchter um den See herum. Das heißt also, Absenken des Grundwasserspiegels und auch Vergiftung von Grundwasser wird das große Problem sein.
Hanselmann: *Was müsste das Land tun, um eben nicht Opfer von Rohstoff-Kolonialisten zu werden? An welchen Punkten muss vielleicht heute schon etwas getan werden?*
Ströbele-Gregor: *Was sich schon tut, ist ja, dass die Regierung die Abbaurechte eben nicht mehr an Joint Ventures oder ein Konsortium, an externe Regierungen oder Unternehmen vergibt, sondern es entsteht unter der Handlungsmacht der Regierung ein eigenes Unternehmen, das sich Partner suchen wird und die sollen dann unter der Regie des bolivianischen Unternehmens zusammenarbeiten. Und das ist sicherlich eine kluge Strategie. Im Augenblick geben sich internationale Konzerne die Klinke in die Hand. Es sind – wenn ich da einige nennen kann – es sind von den Franzosen Bolloré-Eramet, das ist ein großes Unternehmen für Autozulieferer, die in der ganzen Kette gerne beteiligt wären, dann ist es Mitsubishi Sumimoto, dann sind es Südkoreaner, dann sind es auch Brasilianer – Vale do Rio Dolce – und dann vor allen Dingen auch Regierungen, wie der große Freund der Bolivianer Iran, die hier ins Geschäft mit einsteigen möchten. Aber diese eigene Regie ist natürlich immer von außen mit Problemen belastet, weil bisher die eigenstaatlichen bolivianischen Unternehmen nicht gerade hervorgetreten sind als die effizientesten und korruptionsfreiesten, und das ist also eins der ganzen Probleme, Problembündel, die sich auftun werden …"*

Juliana Ströbele-Gregor im Gespräch mit Matthias Hanselmann. Verändert nach: Deutschland Radio Kultur 05.04.2011 Unter: http://www.dradio.de/dkultur/sendungen/thema/1429525/, 20.4.2011

M2 Prognose für den künftigen Jahresbedarf an Lithium

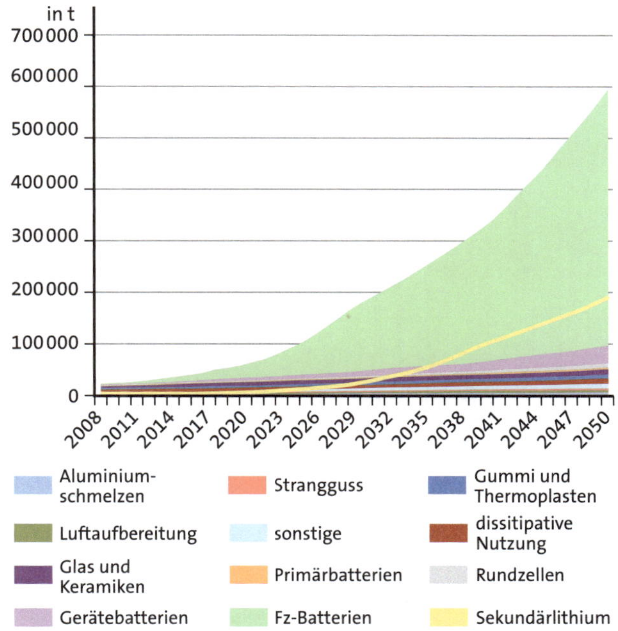

Nach Rüttinger, Lukas und Moira Feil: Rohstoffkonflikte nachhaltig vermeiden: Risikoreiche Zukunftsrohstoffe? Fallstudien und Szenarien zu Lithium in Bolivien. Berlin 2010, S. 9, Adelphi-Studie im Auftrag des Umweltbundesamtes, Selbstverlag
Auch unter: http://www.adelphi.de/files/uploads/andere/pdf/application/pdf/rohkon_bericht_3-3_bolivien.pdf, 30.5.2011

M3 Konfliktpotenziale der Lithium-Gewinnung in Bolivien

Risiken in Bezug auf:
- Rohstoffversorgung: Steigende Anfälligkeit für Preisschocks (Zeitrahmen: mittel- bis langfristig; Ebene: national)
- Krisen und Konflikte: Korruptionsrisiken nehmen zu. (Zeitrahmen: mittel- bis langfristig; Ebene: national)
- Krisen und Konflikte: Steigende Einnahmen führen zu Konflikten über die Verteilung der Einnahmen aus Lithium. (Zeitrahmen: mittel- bis langfristig; Ebene: national)
- Ökologische Auswirkungen: Starke Umweltauswirkungen durch industrielle Lithiumproduktion mit negativen Auswirkungen für Teile der lokalen Bevölkerung. (Zeitrahmen: kurz-, mittel- und langfristig; Ebene: lokal)

Konfliktkonstellationen und –akteure:
Konflikte beschränken sich auf Akteure innerhalb Boliviens:
- Konflikte zwischen den östlichen und westlichen Provinzen.
- Konflikte zwischen lokaler Bevölkerung, die von den negativen Umweltauswirkungen betroffen ist und den Produktionsunternehmen/Regierung.

Signale:
- Starkes globales Wirtschaftswachstum und große Investitionen in Green-Tech sowie Lithium (Lithiumrausch).
- Umfassender Kapazitätsaufbau, Anti-Korruptionsmaßnahmen und Umweltschutz- sowie Kompensationsmaßnahmen werden ergriffen.
- Spannungen zwischen östlichen und westlichen Provinzen werden konstruktiv gemanagt.

Rüttinger, Lukas und Moira Feil: Rohstoffkonflikte nachhaltig vermeiden.: Risikoreiche Zukunftsrohstoffe? Fallstudien und Szenarien zu Lithium in Bolivien. Berlin 2010, S. 41 Adelphi-Studie im Auftrag des Umweltbundesamtes, Selbstverlag
Auch unter: http://www.adelphi.de/files/uploads/andere/pdf/application/pdf/rohkon_bericht_3-3_bolivien.pdf, 30.5.2011

M1 ***Suche nach Bodenschätzen am Meeresgrund mithilfe einer Vielzahl von technischen Geräten***

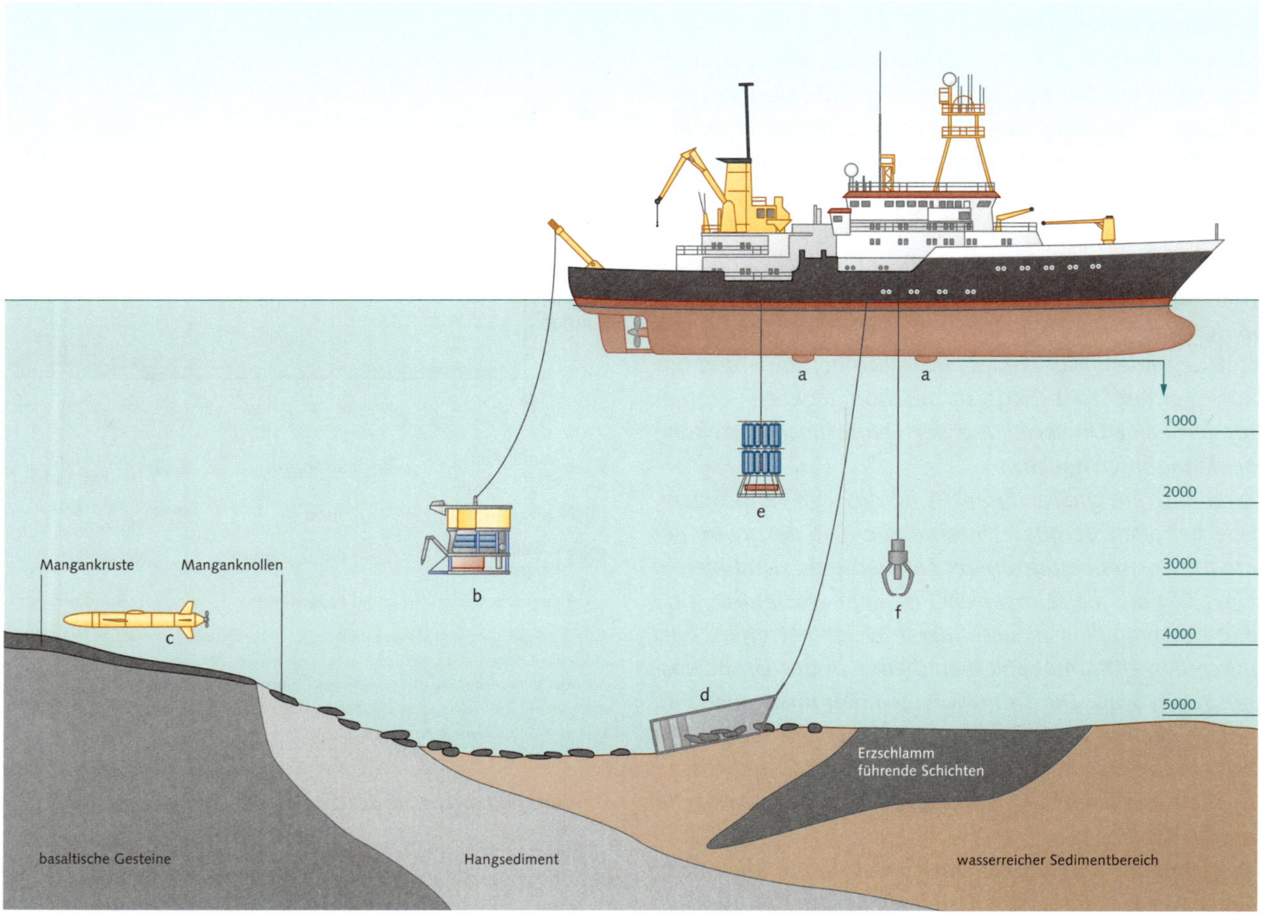

a. Mithilfe von Echoloten wird ein Tiefenprofil des Meeresbodens erstellt.
b. Ferngesteuerte Tauchroboter sind mit Kameras und Greifarmen ausgestattet. Damit nehmen sie Bilder vom Meeresboden auf und sammeln Gesteinsproben ein.
c. Autonome Unterwasserfahrzeuge können tief zum Meeresboden hinabtauchen. Sie sind mit Echoloten und verschiedenen Messsensoren ausgestattet.
d. Für die Großprobennahme wird hinter dem Schiff ein Metallkäfig hergeschleppt, der mehr Material fassen kann als ein Greifer.
e. Mit Multisonden können in verschiedenen Tiefen Wasserproben genommen sowie chemische und physikalische Parameter gemessen werden.
f. Mit Greifern können vom Schiff aus Einzelproben, etwa Gesteinsbrocken, genommen werden. Zur besseren Orientierung sind die Geräte mit Kameras ausgestattet.

©maronis http://worldoceanreview.com/energie/mineralische-rohstoffe/suche-nach-bodenschatzen-auf-dem-meeresgrund/, 2.8.2011

7.3 Der Kampf um die Tiefsee

In dem Maß, in dem die bekannten Rohstoffreserven an Land ihre Endlichkeit offenbaren, verlagert sich die Erkundung nach weiteren Rohstoffvorkommen in den marinen Bereich. Nach der weitgehenden Erforschung der Schelfmeerbereiche werden nun verstärkt die Tiefseebereiche in den Blick genommen. Was dies bedeutet ist Thema eines viel diskutierten Buches:

↓ ***„Griff nach der Tiefsee***

Die erbitterte Suche nach Rohstoffen und ihre Folgen

‚Am Meeresboden ist ein Goldrausch ausgebrochen wie einst im Wilden Westen. Jeder greift sich, was er kriegen kann', konstatiert die Dokumentarfilmerin Sarah Zierul. Tatsächlich findet der Wettlauf um die letzten Rohstoffe der Erde unter Wasser statt. Denn ungeahnt üppige Reserven an Gold, Silber und Kupfer, Öl und Erdgas liegen in der Tiefsee, ab eintausend Meter abwärts. Das Terrain ist riesig: Tiefseeareale bedecken 60 Prozent der Erdoberfläche. Erst ein bis zwei Prozent davon gelten als erforscht. Neben wirtschaftlichen Chancen drohen vielfältige Risiken. Wie gefährlich die ökonomische Eroberung des Meeresbodens ist, hat ... die Explosion der Ölplattform ‚Deepwater Horizon' im Golf von Mexiko gezeigt ... Wenig bekannt ist, dass auch Deutschland beim Zugriff auf das Schlaraffenland am Meeresboden munter mitmischt. Im Jahre 2006 hat sich die Bundesrepublik für 15 Jahre einen Claim im Pazifik gesichert. Auf einer Fläche so groß wie Niedersachsen und Schleswig-Holstein zusammen wird

dort 5 000 Meter unter der Wasseroberfläche nach Manganknollen gesucht. Die runzeligen, schwarzen Gebilde in Kartoffelgröße mit Mangan, Kupfer, Nickel und Zinn im Inneren gelten als Rohstoffhoffnung der Zukunft.

Neben üppigen Metallreserven haben die Ozeane vor allem hoch konzentriertes Erdöl und Methangas zu bieten. Eine ‚Karte der Tiefsee' (s. S. 37) zeigt bisher entdeckte Vorkommen. Nicht verortet darauf ist eine weitere zukunftsträchtige Rohstoffquelle: Das Reservoir an Bakterien und Mikroben in der Tiefsee nutzt die Pharmaindustrie bereits heute, um Medikamente gegen Krebs, Malaria und Aids zu entwickeln. In den kalten, dunklen Abgründen der Tiefsee haben Forscher ungezählte, bizarre neue Lebewesen entdeckt. Der ‚Census of Marine Life' vermeldete unlängst 5 600 neue Tierarten. Die Artenvielfalt wird auf 100 Millionen geschätzt. Noch ist völlig unklar, wie die fremdartigen Geschöpfe am Meeresboden auf den Abbau von Rohstoffen reagieren. Niemand weiß, ob sich die Ökosysteme erholen, wenn ganz in ihrer Nähe gebohrt, gebaggert und geschürft wird. Biologen vermuten, dass sich Lebenszyklen bei zwei Grad Celsius im tiefen Wasser ungefähr 25 Mal so langsam erneuern wie an Land.

Umstritten ist an vielen Orten, wem die Rohstoffe tief unten im Wasser gehören. Staatliche Hoheitsrechte am Meer enden 200 Seemeilen vor der Küste. Für den Meeresboden in internationalem Gebiet ist seit 1994 die von den Vereinten Nationen eingesetzte Seebodenbehörde mit Sitz in New York zuständig, die Schürfrechte verteilt und über Umweltstandards wacht. Zierul hält die zweimal im Jahr tagende Kommission für heillos überfordert: ‚Die haben 30 Mitarbeiter, keine Schiffe und keine Kontrollmöglichkeiten für eine Fläche, die zwei Drittel der Erdoberfläche bedeckt.'

Längst befürchten Fachleute veritable Kriege um die Rohstoffe im Meer. Bereits 2006 gab es militärisches Gerangel zwischen Japan und Südkorea um eine winzige Inselgruppe, an der eisähnliches Erdgas existiert. Im August 2007 rammte Russland medienwirksam eine Flagge 4 261 Meter tief in den Meeresboden der Arktis, wo Geologen 90 Milliarden Barrel Erdöl und 47 Billionen Kubikmeter Erdgas vermuten ... Marine Gebietsansprüche soll künftig der Hamburger Seegerichtshof klären. Bisher allerdings hat er nur 15 Fälle zum Fischereirecht verhandelt. Zudem unterliegen seiner Gerichtsbarkeit lediglich die 159 Staaten, die bis heute die internationale Seerechtskonvention UNCLOS ratifiziert haben. ‚Es fehlen die Kläger', meint Zierul. Viele Politiker und Regierungen ließen es lieber auf physische Konfrontation ankommen, als die Möglichkeit zur friedlichen Beilegung von Streitigkeiten zu nutzen.

Bei dem Tempo, mit dem Konzerne und Staaten heute zu den Rohstoffen am Meeresgrund vordringen, scheint die Hoffnung auf schonende Ausbeutung der Tiefsee nach Abwägung aller Risiken illusorisch. Offenbar ist die Arbeit der Forscher bereits jetzt ein verlorener Wettlauf gegen die Zeit. Denn nirgendwo auf der Welt werden vor einem Eingriff in die Tiefsee eine ökologische Bestandsaufnahme und Vorkehrungen gegen Unfallszenarien verlangt. Zierul fordert deshalb, dass auf breiter Basis diskutiert und geklärt wird, wer am Meeresboden was tun darf: ‚Schließlich geht es um die Zukunft einer Welt, die noch immer erst zu einem Teil erforscht, für das Zusammenleben der Menschen und die Abläufe der Natur jedoch von enormer Bedeutung ist.' "

Verändert nach: Ulla Fölsing: Griff nach der Tiefsee. In: Frankfurter Allgemeine Zeitung, 20.09.2010, Nr. 218 / Seite 12

M2 Seerechtskonvention

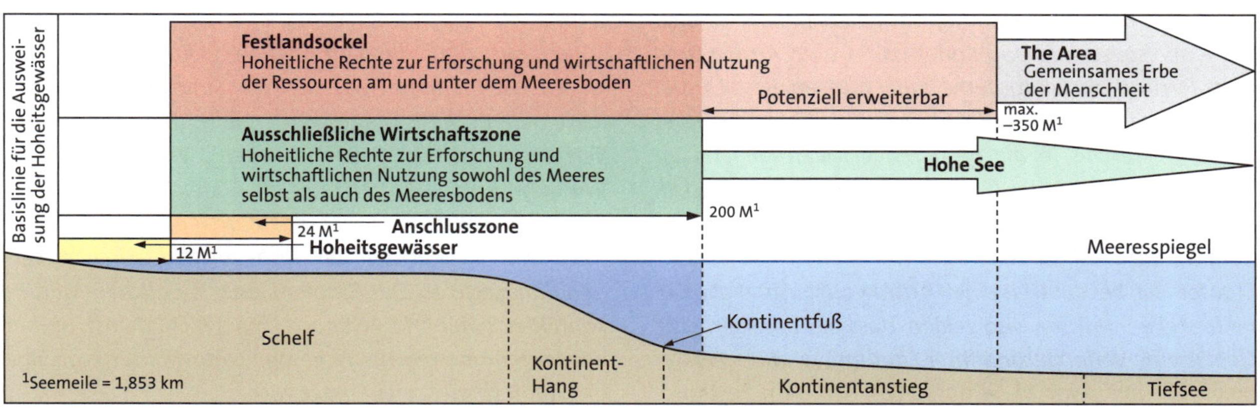

Nach http://www.bgr.bund.de/DE/Themen/TZ/TechnZusammenarbeit/Bilder/unclos__abb1__maritime__souvrechte__g,property=default.jpg, 2.8.2011

M1 Hissen der russischen Flagge am Meeresboden

7.4 Arktisches Monopoly

Das „Hissen“ der russischen Fahne 2007 am Meeresboden direkt über dem Nordpol steht als Sinnbild für den Gebietsanspruch Russlands auf das nördliche Ende der Welt samt den im Zuge des Eisrückgangs zugängig werdenden Rohstoffen. Die Welt wird Zeuge eines neuen „Great Game“ um die Rohstoffe der Arktis.

„Das ‚Great Game‘ um die Arktis hat begonnen – das ‚Große Spiel‘. Mit dieser Formulierung greifen Journalisten in aller Welt einen Begriff aus dem 19. Jahrhundert auf, der das Ringen Großbritanniens und Russlands um die Vorherrschaft in Zentralasien bezeichnete. Nun haben gleich mehrere Länder Ansprüche auf die hohe Arktis angemeldet: Russland, Kanada und Dänemark, das die außenpolitischen Interessen Grönlands vertritt, aber auch Norwegen und die USA sind wichtige Mitspieler beim Arktischen Monopoly.

Die Staaten, die Gebiete im hohen Norden einfordern, stützen sich auf das Völkerrecht. Regierungen, die das Uno-Seerechtsübereinkommen ratifiziert haben, können bei einer speziellen Uno-Kommission eine Ausweitung ihres Territoriums einfordern. Dabei müssen diese Länder zeigen, dass sich – vereinfacht gesagt – ihr Staatsgebiet unter Wasser bis in die betreffende Meeresgegend erstreckt. Entscheidendes Gremium ist die ‚Festlandsockelgrenzkommission‘, die Commission on the Limits of the Continental Shelf (CLCS) ...

Staaten, die bei der Uno einen Antrag auf zusätzliche Gebiete stellen, müssen also zeigen, dass das beanspruchte Gebiet eine Verlängerung ihrer Landmasse unter Wasser darstellt, und zwar ohne dass zwischen dem Festlandsockel und dem beanspruchten Gebiet Tiefseebereiche liegen. Um das zu beweisen, muss man sich gut auskennen in der wundersamen Welt am Grund des Arktischen Ozeans – einer der geologisch bisher am wenigsten erforschten Gegenden der Erde.

Steil abfallende, schroffe Bergflanken gibt es dort, Hochplateaus und endlose Tiefseebecken. Manche Bereiche des Ozeanbodens, bis zu 1 000 Meter tief gelegen, zeigen noch heute die Schrammen monströser Eisberge, die vor mehr als 10 000 Jahren durch die Gewässer gepflügt sein müssen. Schlammvulkane wie der Hakon Mosby, der in der Barentssee in einer Wassertiefe von 1 250 Metern Methan ins Wasser abgibt, und sogar richtige Vulkane, die in bis zu vier Kilometern Wassertiefe ausbrechen, gibt es ...

In den Tiefen des ungefähr 15 Millionen Quadratkilometer großen Nordpolarmeeres liegen insgesamt drei Meeresbecken, die von untermeerischen Gebirgen getrennt werden. Zwischen den tiefen Meeresbereichen verlaufen drei Bergrücken parallel zueinander über fast 2 000 Kilometer in der Dunkelheit des Ozeanbodens. Sie sind bis zu 3 500 Meter hoch, doch nirgends erreicht einer der drei den Meeresspiegel. Am nächsten an Nordeuropa liegt der Gakkel-Rücken. Er bildet im Eurasischen Becken die Nahtstelle zwischen Europa und Nordamerika. Parallel dazu verläuft der zwischen 60 und 200 Kilometer breite Lomonossow-Rücken ... Die unterseeischen Massive sind aus kontinentalem Krustenmaterial. Das ist wichtig, weil Russen, aber auch Dänen und Kanadier mit ihren Gebietsforderungen genau hier ansetzen.

Die Russen sehen im Lomonossow-Rücken eine direkte Verbindung zwischen der sibirischen Küste und dem Nordpol: eine ‚unter Wasser gelegene Verlängerung der Landmasse des Küstenstaates‘. Die Dänen glauben eher an eine unterseeische Fortsetzung von Grönland und die Kanadier an ein Anhängsel ihrer Ellesmere-Insel. Alle haben geologische Gutachten vorgestellt, die das belegen sollen. Die Kommission kann nur mit wissenschaftlichen Argumenten überzeugt werden. Die Forscher müssen also nachweisen, dass ein bestimmtes Gebiet aus dickerer kontinentaler Erdkruste und nicht aus vergleichsweise dünner ozeanischer Kruste besteht.“

Christoph Seidler: Arktisches Monopoly; SPIEGELonline vom 9.5.2009; unter: http://www.spiegel.de/wissenschaft/mensch/0,1518,622309,00.html, 15.7.2011

„Allerdings darf die Kommission keine Streitigkeiten klären. Vielmehr müssen sich die Staaten untereinander einigen. ‚Diese Dinge werden leise und effizient am Verhandlungstisch geklärt werden‘, versprach Anton Wasiliew, Russlands Vertreter im Arktischen Rat bei der Moskauer Konferenz. Doch das dürfte nicht immer einfach sein, ungeachtet des norwegisch-russischen Verhandlungserfolgs. Das Problem eines möglichen Militärkonfliktes in der Arktis ist noch längst nicht gelöst. Immer wieder schrammen russische und Nato-Militärflugzeuge um Haaresbreite aneinander vorbei.

Kanada und Dänemark wollen ihre polaren Streitkräfte stärken. Und Russland hat im vergangenen Jahr angekündigt, bis zum Jahr 2020 Spezialstreitkräfte im hohen Norden stationieren zu wollen – auch wenn sich Regierungsvertreter vor der Arktis-Konferenz auch hier um rhetorische Abrüstung bemühten. ‚All das Gerede über eine Militarisierung der Arktis hat mit der Realität nichts zu tun‘, erklärte Wasiliew. Wie aber die Situation jenseits der freundlichen Politikerstatements aussehen kann, beschreibt eine Episode aus der vergangenen Woche ...: Demnach hat sich im arktischen Ozean ein fliegender russischer U-Boot-Jäger vom Typ Il-38 mit voller Bewaffnung dem US-Kriegsschiff ‚USS Taylor' bis auf wenige Dutzend Meter genähert. Einen Tag später folgte dann ein ähnlich dramatischer Kontakt mit einem Ka-27 Anti-U-Boot-Helikopter ..."

Christoph Seidler: Arktisches Monopoly. DVA/Spiegel 2009

M2 Die in Küstenregionen erwarteten Erdöl- und Erdgaslagerstätten

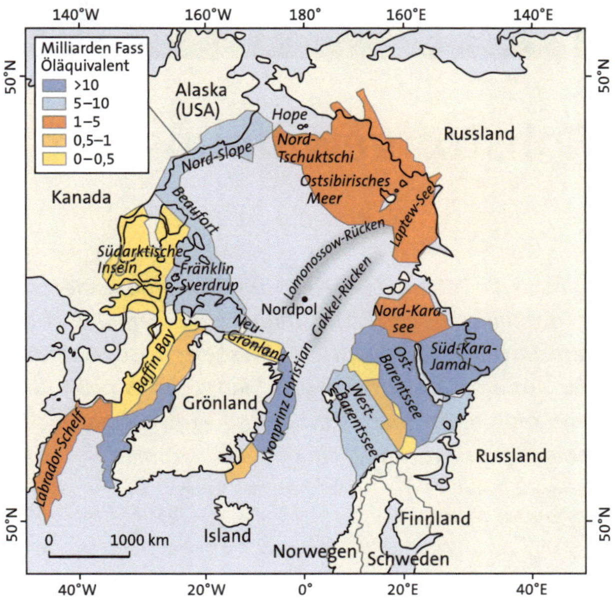

Nach Neue Züricher Zeitung. http://www.nzz.ch/images/__fullSize_1.550995.11889 75070.gif, 22.5.2011

Wer im Arktis-Monopoly gewinnt – und wer verliert

„...Für die USA sieht es einstweilen wenig erbaulich aus. Das Land hat in der Arktis lange Jahre zu schlafmützig agiert, um kurzfristig eine führende Rolle in der Region einzunehmen... Vor rund hundert Jahren hatte zwar der US-Bürger Peary das Gebiet ‚im Namen des Präsidenten der Vereinigten Staaten von Amerika' förmlich in Besitz genommen, aber dann passierte lange nichts, insbesondere nach dem Niedergang der Sowjetunion ...

Ebenfalls wenig präsent ist Kanada – und das, obwohl die Perspektiven des Landes durchaus positiv sein könnten. Der Klimawandel erlaubt den Abbau von Rohstoffen in immer nördlicheren Regionen. Davon könnte gerade Kanada profitieren, wäre die arktische Infrastruktur des Landes nicht so dünn ...

Die Perspektiven von Grönland sind gemischt. Die dänische Arktispolitik ist von einem Widerspruch geprägt: Einerseits hat sich das Land ganz besonders für eine politische Lösung des Wettrennens im hohen Norden stark gemacht ... Andererseits betreibt Kopenhagen ein großes Forschungsprogramm, um eine möglichst ausgedehnte Gebietsforderung vorzubereiten. Bis heute ist nicht klar, ob der dänische Claim tatsächlich auch den Nordpol umfassen wird. Wenn es aber so wäre, dann würde das zu Problemen mit den Russen und gegebenenfalls mit den Kanadiern führen ...

Für Norwegen hängt viel vom zukünftigen Verhalten Russlands ab. Wenn Moskau friedlich und kooperativ auftritt, könnten auch seine Nachbarn im Westen zu Gewinnern im Wettrennen um die Bodenschätze der Polarregion werden, jedenfalls solange der Boom nicht mit schweren Umweltkatastrophen erkauft wird ... In einer politisch stabilen Arktis könnten die Norweger die zur Sicherung des eigenen Wohlstandes so dringend nötige Ausweitung der Öl- und Gasproduktion nach Norden vorbereiten und durchführen. Außerdem werden die technologisch exzellent aufgestellten norwegischen Öl- und Meerestechnikfirmen von einem möglichen Arktisboom in Russland mit profitieren. Der Streit um die Grenzziehung in der Barentssee und die unterschiedliche Auslegung des Spitzbergenvertrages belasten allerdings die Beziehungen Norwegens und Russlands ...

Russland hat alle Trümpfe in der Hand – und ist der entscheidende Mitspieler im Hinblick auf das Schicksal der Arktis. In gewisser Weise sind die Russen für einen Wettlauf in der Arktis gut gerüstet. Sie verfügen nicht nur über die beiden Mir-Tauchboote, sondern vor allem über eine Flotte von einem halben Dutzend Mega-Eisbrechern, die jederzeit auf arktische Patrouillenfahrt gehen können ... Die russische Regierung spielt mit dem Feuer, wenn sie gesteigerte militärische Aktivität im hohen Norden zur Kompensation ihrer verlorenen Großmachtstellung nutzt. Immer öfter schrammen russische Jets knapp am Nato-Luftraum vorbei ..."

Christoph Seidler: Wer im Arktis-Monopoly gewinnt – und wer verliert. Am 19.5.2009 auf SPIEGELonline unter:http://www.spiegel.de/wissenschaft/mensch/0,1518,622752,00.html

M3 Arktis – Hoffnung auf Rohstoffe weckt nationale Ansprüche

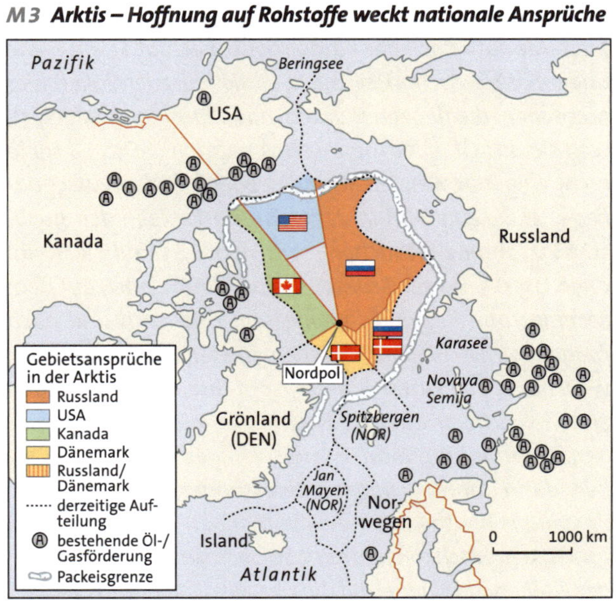

Nach Der Standard. http://images.derstandard.at/20080527/Arktis.jpg, 22.5.2011

M1 „Deepwater Horizon" in Brand

M2 Kampf gegen die Ölpest an der amerikanischen Golfküste

8 Ökologische Probleme bei Rohstoffgewinnung und Transport

„Am 20. April 2010 ereignete sich gegen 22 Uhr auf der von BP betriebenen Tiefsee-Bohrinsel ‚Deepwater Horizon' ein Unfall. Vermutlich verursacht durch fehlerhafte Materialien und menschliches Versagen. Aus dem Bohrloch 70 Kilometer vor der Küste Floridas schossen unkontrolliert Öl, Schlamm und Methangas auf die Plattform. Das Gemisch fing Feuer und explodierte. Zwei Tage später ging die Ölbohrinsel unter …

In Pensacola arbeitet an der Universität von West-Florida Enid Siskin, eine Sozialmedizinerin. Schon 2004 sprach sie vor einem Kongressausschuss zu den Gefahren der Ölbohrungen. Sechs Jahre später geschah, was sie fürchtete.

Bis zur Bohrlochschließung am 6. August flossen rund 780 Millionen Liter Öl in den Golf von Mexiko, dazu sieben Millionen Liter der Chemikalie Corexit, die das Öl auflösen sollte.

Jetzt, Monate nach der Katastrophe, beklagt Siskin – wie andere Wissenschaftler auch – die Kurzsichtigkeit der Menschen, die denken würden, das Ölproblem sei gelöst, weil sie das Öl nicht mehr sehen würden … Das Öl sei ja nicht weg, nur weil ein Strand wieder blendend weiß daliege. ‚Das Zeug wird in der Nahrungskette in den nächsten 20 Jahren auftauchen', sagt Siskin. ‚Es sind 780 Millionen Liter!' Und ein Großteil davon könnte noch auf dem Meeresgrund liegen. Es werde sein Gift nach und nach freigeben. ‚Fische und Krabben fressen diese Moleküle, weil sie sie für Futter halten', sagt Siskin, dann würden erst vielleicht bestimmte Fischsorten nicht mehr gefangen. Dann würde man immer weniger Schildkröten sehen, dann immer weniger Meeressäugetiere …

Es sind bis heute ungemessene Mengen an Ölmolekülen im Wasser. Hochkonzentriert, so dass sie das Erbmaterial der Fische schädigen. Und die Chemikalien, die ins Wasser geschüttet wurden, um die Fette im Öl aufzulösen, lösen auch die Fette in Fischeiern auf. Alle Organismen, die Eier ausbilden, haben Fett in ihren Keimzellen. Das ist die Nahrung für den Nachwuchs. Dieses System ist gefährdet. Aber auf eine unsichtbare Art. Man sieht es nicht, und wenn man in der Sonne am Strand liegt, scheint nichts weniger gegenwärtig als eine Ökokatastrophe."

Marion Nagel: Die Tiefseestörung. In: DER TAGESSPIEGEL vom 05.02.2011. http://www.tagesspiegel.de/weltspiegel/die-tiefseestoerung/3796116.html, 05.04.2011

Wie das Beispiel „Deepwater Horizon" zeigt, kann es bei der Rohstoffgewinnung zu Umweltkatastrophen in erschreckenden Ausmaßen kommen. Im Blickpunkt der Öffentlichkeit stehen dabei meistens – und das auch nur für eine begrenzte Zeit – die spektakulären Erscheinungsformen der Katastrophe. Häufig übersehen werden die langfristig wirkenden ökologischen Folgen.

Die Freisetzung von Schadstoffen stellt nicht nur bei der Förderung und beim Transport von Rohöl eine ständige Gefahr dar. Sie ist zum Beispiel auch beim Uran- oder Coltan-Tagebau zu beobachten. Zu den ökologischen Problemen der Rohstoffgewinnung zählen auch die Zerstörungen von Landschaften und Ökosystemen durch den Braunkohlentagebau oder auch großflächige Rodungen für die Holzgewinnung bzw. für den Anbau von Energiepflanzen.

In Anbetracht aller ökologischen Probleme der Rohstoffgewinnung müssen wir uns fragen, welchen Grad der Umweltzerstörung die modernen Gesellschaften hinzunehmen bereit sind, um ihren Fortschritt zu organisieren und ihren Wohlstand zu sichern.

M3 Meeresbelastung und marine Rohstoffressourcen

Haack Weltatlas. Klett-Perthes: Gotha, Stuttgart 2007, S. 228

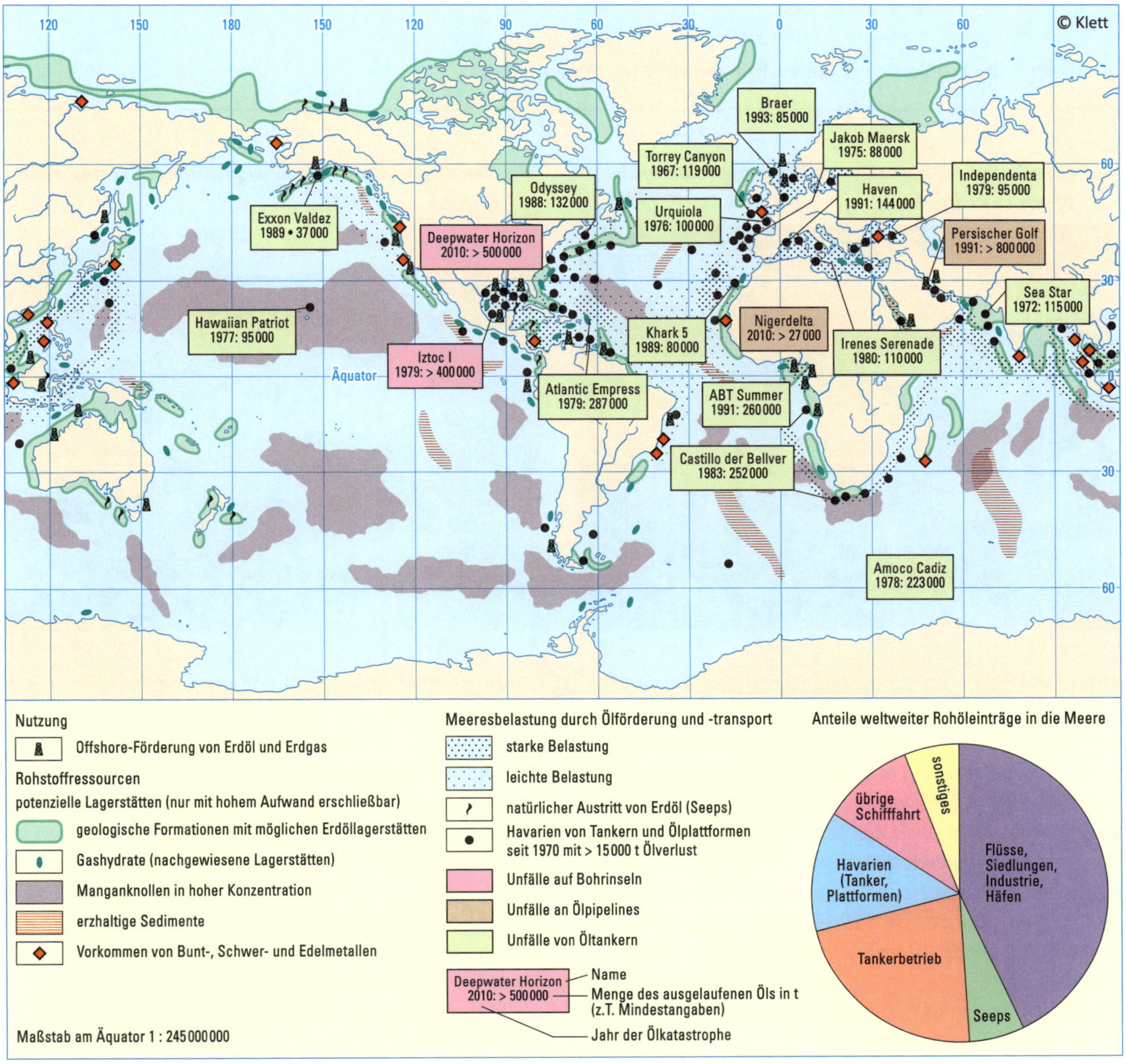

Rohstoffe aus der Tiefsee?

„Über die Katastrophe der Ölplattform ‚Deepwater Horizon' haben in den vergangenen Wochen viele Zeitgenossen den Kopf geschüttelt. ... Dass damit das Rennen um die Bodenschätze der Tiefsee bis auf Weiteres gestoppt ist, dürfte aber ein frommer Wunsch bleiben.

Einiges spricht dafür, dass die Industrialisierung des Meeresgrundes demnächst erst richtig losgeht. Mehrere westliche Industrieländer sowie Indien und China, aber auch Öl- und Bergbaukonzerne intensivieren seit einiger Zeit ihre Forschung, um Rohstoffe jenseits der Kontinentalränder abzubauen.

Dabei geht es nicht nur um Öl und Erdgas – unter anderem in Form von Methanhydraten –, sondern auch um seltenere Metalle, ohne die eine ... Hightech-Gesellschaft nicht denkbar ist ... Gerade für rohstoffarme Nationen wie Deutschland und Japan ... ist der Reiz groß, die seltenen Metalle aus Manganknollen in 4000 bis 5000 Meter Tiefe, polymetallischen Krusten auf unterseeischen Bergrücken und Sulfiderzen an heißen Quellen (schwarzen Rauchern) zu erschließen. Für die großen Bergbau-Konzerne wiederum lockt die Aussicht, das begehrte Kobalt in der Tiefsee statt im politisch instabilen Zentralafrika zu fördern ...

Vor allem bei den Manganknollen im Pazifik lauern aber immense ökologische Probleme, gegen die sich die Ölkatastrophe im Golf von Mexiko noch als überschaubar erweisen könnte. Bei ihrer Förderung werden unvermeidlich Sedimente am Meeresgrund aufgewirbelt, die sich aufgrund der Bodenströmung im Pazifik in den gesamten Nordpazifik ausbreiten könnten ... Solch eine Ausbreitung von Sedimenten könnte die kleinsten Meeresbewohner, die am Anfang der marinen Nahrungsketten stehen, empfindlich schädigen.

Auch bei manchen Sulfiderz- und Methanhydratvorkommen sind unterseeische Ökosysteme gefährdet ... Es stellt sich also die Frage, wie weit wir die industrielle Erschließung der Tiefsee vorantreiben wollen. Der klassische Konflikt ist bereits programmiert: Umweltorganisationen wie der WWF, der die Forderung nach einem Moratorium für die Tiefseeförderung erarbeitet, mahnen einmal mehr das Vorsorgeprinzip [S. 39] an – das die Industrie auch diesmal als fortschrittshemmend kritisieren dürfte."

Niels Boeing: Jenseits von Deepwater Horizon. In: Technology Review vom 23.06.2010 http://www.heise.de/tr/blog/artikel/Jenseits-von-Deepwater-Horizon-1026596.html, 05.04.2011

1 *„Deepwater Horizon"-Katastrophe. Beschreiben Sie ökologische Folgen.*

2 *Analysieren Sie die Karte M 3 im Hinblick auf die Verteilung mariner Lagerstätten und mögliche ökologische Probleme bei der Förderung der Rohstoffe.*

M1 ***Atomkraftwerk Fessenheim am Rheinseitenkanal an der Grenze zu Deutschland***

M2 ***Uranabbau in Arlit: Entfernung zwischen Mine und Stadt ca. 5 km***

Uran aus Niger – die schmutzige Seite der Atomkraft

↓ *„Arevas Zentrale ist in Paris. Areva betreibt Uranminen und baut Kernkraftwerke. 2009 hat Areva 14 Milliarden Euro umgesetzt. Die Firma gehört fast komplett dem französischen Staat. Der war bis 1960 Kolonialmacht in Niger. Acht Jahre nach der Unabhängigkeit gründeten die Franzosen die erste Minengesellschaft. Vor Jahrmillionen war das Gebiet ein Flussdelta, in dem sich Uran in Sedimenten absetzte. Seit 1968 haben Bagger mehr als 100 000 Tonnen des Atombrennstoffs aus dem Saharaboden geholt.*

Frankreich verkauft seinen Atomstrom auch nach Deutschland, und Areva beschäftigt in der Bundesrepublik 5 200 Mitarbeiter. Jedes Wochenende laufen die Fußballer des 1. FC Nürnberg in Areva-Trikots auf. Frankreich hat 58 Reaktoren, sie liefern den Großteil des Stroms für das Land, und der Brennstoff dafür kommt aus Niger. Das Land ist einer der größten Uranlieferanten der Welt ...

Uran aus Niger dient seit 40 Jahren als Treibstoff für Europas Energieversorgung. Aber ... Niger [hat] nichts davon, nur Elend. Das Land in der Sahelzone ist das am wenigsten entwickelte der Erde. Jedes vierte Kind stirbt vor seinem fünften Geburtstag.

Die Zustände in Niger sind eine schmutzige Seite der vermeintlich sauberen Atomenergie. Sie liegt gut verborgen, mitten im Nirgendwo. Es gibt Banditen in der Region, die Weiße entführen und an al-Qaida verkaufen ... Noch heute ist Arlit nur per Militärkonvoi zu erreichen. Aber vor kurzem war ein Team von Greenpeace da. Die Mitarbeiter hatten Geigerzähler dabei. Und sie maßen viel zu hohe radioaktive Strahlung. Die beiden Uranminen, um die es geht, liegen in der Nähe von Arlit und der Nachbarstadt Akokan. In der einen wird Uran im Tagebau gewonnen. Die andere reicht etwa 250 Meter unter die Erde, es ist die weltgrößte Uranmine unter Tage. In den beiden Städten, die Areva für die Mine in die Wüste gesetzt hat, wohnen zusammen 80 000 Menschen."

Cordula Meyer: Der gelbe Fluch. In: DER SPIEGEL 13/2010. S. 109

↓ *„Uran ist hoch toxisch, radioaktiv und hat eine Halbwertszeit von bis zu 4,5 Milliarden Jahren. Zum Vergleich: Die Erde wird etwa auf dasselbe Alter geschätzt. Die natürlichen Uranvorkommen in den Tiefen der Erdkruste stellen in ihrer geringen Konzentration keine Gefahr für Mensch und Umwelt dar, anders ist das jedoch beim abgebauten und durch Weiterverarbeitung hoch konzentrierten Uran.*

Es gibt nicht viele Länder auf der Welt, in denen Uran abgebaut wird – Niger gehört dazu. Es ist ein schmutziges Geschäft. Das Erz wird zerkleinert und das Uran wird mit viel Wasser aus dem Gestein gelöst. Für die Bergleute im Abbau ist die Gesundheitsgefahr am größten. Durch die mechanische Herauslösung sind die Bergarbeiter sowohl Uranfeinstäuben als auch dem Folgeprodukt Radon, einem strahlenden Edelgas, in der Atemluft ausgesetzt. Mediziner Günther Beitsch von der Schweizer Sektion der Ärzte für die Verhütung des Atomkrieges beschreibt, was es bedeutet, wenn etwa Sand radioaktiv ist:

‚Stellen sie sich vor, an einem Sandkorn haftet ein Uranpartikel, und das Sandkorn atmet man ein, es bleibt in der Lunge hängen. Und strahlt über Wochen und Monate. Da kommt es nicht auf die Gesamtstrahlung an. Das ist ein Hotspot und da kann im Laufe der Zeit ein Karzinom entstehen.'

In erster Linie kann die Inhalation von Stäuben und Radon Lungenkrebs hervorrufen. Uran ist hoch giftig und gilt als Auslöser für Missbildungen bei Säuglingen und Föten. Auch die Folgeprodukte des instabilen Urans – Radon und Polonium – gelten als ebenso giftig wie der Ausgangsstoff ...

Nicht nur das abgebaute natürliche Uran strahlt, sondern wesentliche Gefahren gehen auch von den Tailings – Abraumhalden und Verdunstungsbecken – aus. Dort liegen radioaktiver Abfall, Spülschlämme und Chemikalien ...

Die Umweltschutzorganisation Greenpeace war im Niger: Eine Sandprobe aus der Nähe einer Mine enthielt hundert Mal mehr radioaktive Stoffe als normaler Sand.

Teilweise fanden die Greenpeace-Leute Strahlung vor, die fünfhundert Mal höher war als normal.
Dazu kommt: Teile des zur Verarbeitung nötigen Wassers gelangen ins Grundwasser zurück. Allein im Niger sollen die Bergwerke laut Greenpeace in vierzig Jahren 270 Milliarden Liter Wasser verbraucht haben. Es wurde nach der Verwendung beim Uranabbau kontaminiert wieder in Flüsse und Seen abgegeben.
Für Mediziner Günter Baitsch liegen die Forderungen auf der Hand: ‚Fernziel ist es, das Uran dort zu lassen, wo es ist – im Boden. Das zweite ist, dass die Menschen unter menschenwürdigen Bedingungen arbeiten: Dass sie Schutzkleidung haben, dass sie Atemschutz haben, dass der Sand nicht oben liegen bleibt, dass das Grundwasser nicht mehr verschmutzt wird und dass sie an den Gewinnen beteiligt werden'. Und sei es nur für eine bessere Krankenversorgung."

Henning Hooss: Uranabbau. Schmutzige Seite der Atomkraft. In: Deutschlandradio Wissen vom 07.09.2010.
http://wissen.dradio.de/uranabbau-schmutzige-seite-der-atomkraft.35.de.html?dram:article_id=5255&sid= (06.04.2011)

***M3* Uranabbau und -verarbeitung**

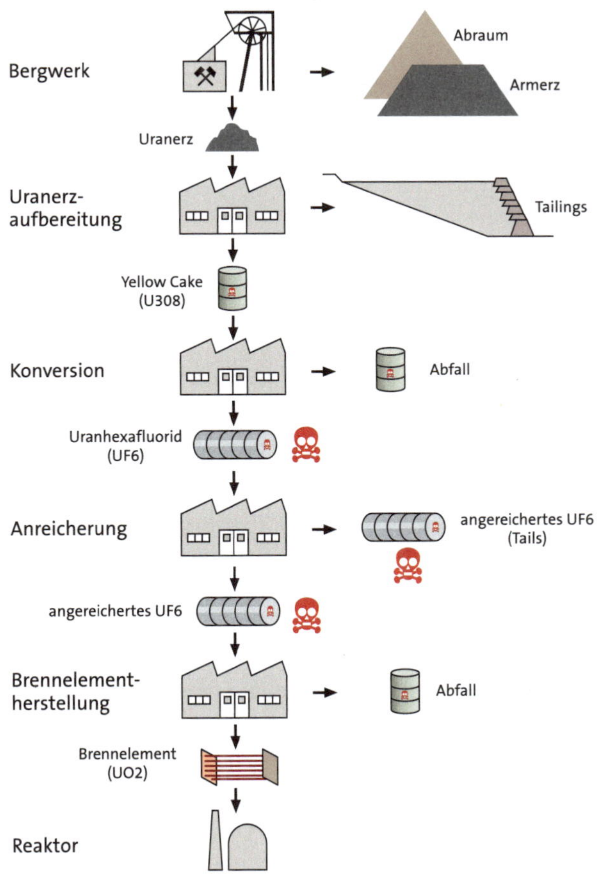

Nach Peter Diehl: Reichweite der Uran-Vorräte der Welt. Erstellt für Greenpeace Deutschland. Berlin 2006. S. 27
http://www.greenpeace.de/fileadmin/gpd/user_upload/themen/atomkraft/uranreport2006_if.pdf

Vorsorgeprinzip: Umweltschutz contra Fortschritt?

Das Vorsorgeprinzip in der Umweltpolitik sieht vor, Umweltbelastungen von vorneherein zu vermindern und bereits bei der Entstehung zu bekämpfen. Auf die Nutzung von Ressourcen angewandt bedeutet das die größtmögliche Vermeidung von unüberschaubaren Risiken. Das heißt konkret, dass Förder- und Aufbereitungstechniken erst eingesetzt werden sollen, wenn ihre absolute Sicherheit gewährleistet ist.

↓ *„Das Vorsorgeprinzip erstickt den technischen Fortschritt, weil es die knappen Ressourcen der Menschheit auf die Vermeidung von technischen Risiken lenkt. Es ist, als ob das Erfindungswesen komplett dem Technischen Überwachungsverein überantwortet würde.*
Der Zeitgeist, verunsichert durch schockierende Bilder, vergisst die guten Früchte der technologischen Entwicklung, zumindest vorübergehend. ‚Technologischer Fortschritt ist eine bewährte Methode, Gesellschaften weniger verletzbar gegen die Widrigkeiten aller Art zu machen', schreibt der amerikanische Wissenschaftler Indur Goklany. Zu den großen Plagen der Menschheit gehören bis in dieses Jahrhundert hinein Hunger, schlechter Zugang zu sauberem Wasser, mangelndes Wissen über Hygiene und Infektionen aller Art. In den vergangenen 150 Jahren sind diese Risiken in den armen Ländern deutlich reduziert worden und in den Industriestaaten nahezu eliminiert – dank des technischen Fortschritts. Die Konsequenz daraus ist, dass die Lebenserwartung der Menschen sich in dieser Zeitspanne nahezu verdoppelt habe, schreibt Goklany."

Melanie Amann und Winand von Petersdorff: Das Tschernobyl des Ölzeitalters? In: FAZ.. NET vom 06.06.2010
http://www.faz.net/s/Rub47C2F00B5F984DC2A4997324448B2EA2/Doc~E97CD483573 93423184D375DC2F5452D3~ATpl~Ecommon~Sspezial.html, 05.04.2011

1 *Arbeiten Sie Zusammenhänge zwischen Foto 1 und Foto 2 heraus.*
2 *Erklären Sie, wie es beim Uranabbau und bei der Uranverarbeitung zu Gefährdungen von Umwelt und Gesundheit kommen kann.*
3 *Erläutern Sie, in welcher Form die Rohölgewinnung aus der Tiefsee und der Uranbergbau bei einer konsequenten Anwendung des Vorsorgeprinzips betrieben werden müssten.*
4 *„Das Vorsorgeprinzip erstickt den technischen Fortschritt." Beurteilen Sie diese Aussage.*
5 *Gestalten Sie ein Info-Blatt zum Thema „Erdöl: Entstehung – Reichweite – Gefährdungspotenzial".*

9 Lösungsansätze

Steigt die Nachfrage nach mineralischen Rohstoffen, findet dies unmittelbar in steigenden Preisen seinen Niederschlag. Mit dieser Veränderung steht zuweilen ebenso rasch die Wirtschaftlichkeit bisheriger Produktionsprozesse in Frage, so dass die Suche nach neuen Lösungen einsetzt. Grundsätzlich steht dabei die Option im Raum, neue Vorkommen zu erschließen oder aber durch intelligente und effiziente veränderte Verfahrensweisen weniger Rohstoffe für die gleichen Produktionsziele zu benötigen und so die steigenden Rohstoffkosten zu relativieren. Angesichts der deutlich erkennbaren Endlichkeit vieler Rohstoffe und der zunehmenden Übernutzung des Systems Erde muss die zweite Option immer stärker in den Vordergrund rücken. Die damit verbundenen Lösungsansätze konzentrieren sich auf noch konsequenteres Recycling, die Miniaturisierung von Produkten, die Substitution knapp werdender Rohstoffe oder die Verlängerung von Produktlebenszyklen. Die Steigerung der Material- und Rohstoffeffizienz ist einer der zentralen Ansatzpunkte des „Faktor 5-Konzeptes“. Dieses jüngst von Ernst Ulrich von Weizsäcker vorgelegte Konzept zielt darauf ab, mit den derzeit eingesetzten Ressourcen fünfmal mehr Menschen den gleichen Lebensstandard zu ermöglichen bzw. den aktuellen Lebensstandard mit nur einem Fünftel der derzeit eingesetzten Ressourcen zu realisieren. Diese Vorschläge befördern sowohl die Intensivierung bestehender sowie die Entwicklung neuer Ansätze wie das Cradle-to-Cradle-Konzept (s. S. 46) als auch politische und unternehmerische Strategien.

M 1 Regelkreis zur Rohstoffversorgung

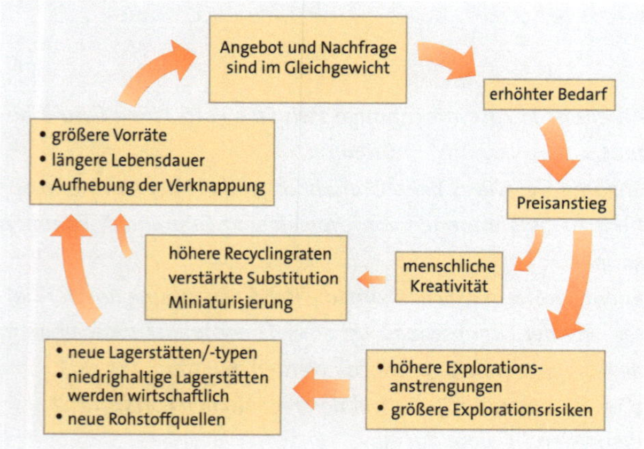

Nach Forum für Zukunftskriterien. http://www.zukunftsenergien.de/hp2/downloads/vorträge/KosinowskiPraesentation.pdf, 22.5.2011

9.1 Weniger ist mehr – Lösungsstrategie Effizienzsteigerung

„Strategische Ansatzpunkte zur Verbesserung der produktbezogenen Materialeffizienz sind etwa die Miniaturisierung von Bauteilen (z. B. Speicherchips) und Produkten (z. B. Mobiltelefonen) oder die multifunktionale Ausgestaltung von Produkten (z. B. Integration von Drucken, Scannen, Kopieren und Faxen in einem Gerät). Die ressourcensparenden Effekte von Miniaturisierung und Multifunktionalität können allerdings durch sogenannte ‚Rebound-Effekte‘ wieder zunichte gemacht werden. Das bedeutet, dass es als Folge von Preisreduzierungen, steigender Attraktivität der Produkte und Beschleunigung der Innovationszyklen zu einer Verringerung der Nutzungsdauer und damit in der Summe zu einer Erhöhung des Rohstoffverbrauchs kommt.

Eine zentrale Strategie zur Einsparung von Rohstoffen sind Leichtbautechniken vor allem im Automobil- und Maschinenbau sowie im Bausektor. Eine wichtige Rolle im Rahmen des Leichtbaus spielen innovative Verfahren und neue Werkstoffe, die sich häufig neben höherer Materialeffizienz auch durch bessere technische Eigenschaften wie Korrosionsbeständigkeit, Festigkeit und leichte Verarbeitbarkeit auszeichnen. Die Entwicklung neuer Materialien reicht von innovativen Aluminium- und Magnesiumlegierungen über neue hoch- und höherfeste Stahlsorten, Stahl-Sandwichbleche und Metallschäumen bis hin zu Kohlenstofffaserverbundwerkstoffen, Aerogelen und Nanokompositen. Unter dem Aspekt der Rohstoffeinsparung kommt der kraftflussgesteuerten Optimierung von Bauteilen, also der gezielten Herstellung von Werkstoffen nach den in der Praxis auftretenden Belastungen mithilfe neuer Fertigungsverfahren, große Relevanz zu. Angesichts der gravierenden Umweltprobleme bei der Zementherstellung und der weltweiten Bedeutung, die Zement als Baustoff hat, gilt Technologien, die den Zementverbrauch senken, besonderes Interesse. Zu nennen sind hier etwa die Verwendung von Glasfaser anstelle des herkömmlichen Stahls als Bewehrung, die Nutzung nanotechnologischer Entwicklungen im Betonbau sowie die Sandwichbauweise.

Neue Impulse für die Erhöhung der Materialeffizienz sind auch aus dem Bereich der Bionik zu erwarten. Bekannte Beispiele für biologisch inspirierte Produkte sind selbstreinigende Oberflächen nach dem Vorbild des Lotus-Blatts, klebefreie Haftsysteme, Faserverbundwerkstoffe, die nach dem Modell von Pflanzenhalmen aufgebaut sind und sich durch geringes Gewicht und hohe mechanische Belastbarkeit auszeichnen oder gewichtsreduzierte Autoreifen, deren Materialverteilung sich an der Kraftübertragung von Katzenpfoten orientiert. …

J. Jörissen, J. Schippl, C. Dieckhoff u.a., Forschungszentrum Karlsruhe in der Helmholtz-Gemeinschaft: Roadmap Umwelttechnologien 2020. Karlsruhe 2008, S. 39–40 (= Wissenschaftliche Berichte FZKA 7425)

9.2 Dieses statt jenem – Lösungsstrategie Substitution

*„**Metallsubstitution: Kunststoffe machen sich auf den Weg***
Jede Werkstoffklasse hat ihre speziellen Eigenschaften: Metalle sind duktil und elektrisch leitfähig, Keramiken gelten als hart und temperaturbeständig, Gläser besitzen Transparenz und Kunststoffe überzeugen durch ihre geringe Dichte und gute Verarbeitbarkeit. Diese wenigen Beispiele reichen schon aus, um die Dominanz mancher Materialien für bestimmte Anwendungen erklären zu können. Aufgrund anspruchsvoller Forderungen des Marktes werden aber zukünftig massive Verschiebungen im Bereich der Materialselektion eintreten – dies trifft Standardapplikationen und Anwendungen im Hochtechnologiebereich gleichermaßen. Mögliche Gründe für diesen Trend liegen neben der sich ändernden Rohstoffsituation auch in den stetig steigenden Forderungen nach Material- und Energieeffizienz. Insbesondere die Umsetzbarkeit intelligenter Leichtbaukonzepte, die zuverlässige Erfüllung komplexer Anforderungsprofile und die Möglichkeit zur Integration von mehreren Funktionen stehen immer mehr im Fokus der Fertigungs- und Konstruktionsingenieure ...
Insbesondere im Fahrzeugbau werden zunehmend intelligente Materialkonzepte gefordert, um wegweisende Lösungen im Gesamtkomplex Energieeffizienz und Ressourcenschonung zielführend umsetzen zu können. Innovative Leichtbaukonzepte – unter anderem auf der Basis leistungsfähiger Kunststoffe – werden hier eine entscheidende Rolle spielen und Metalle teilweise substituieren können. In diesem Bereich gilt es Lösungen zu finden, die beispielsweise gerade die hohen thermischen Anforderungen im Motorraum zuverlässig und wirtschaftlich sinnvoll abdecken können. Dies scheint Wissenschaftlern der BASF mit der Entwicklung der neuen Polyamid-Spezialität namens Ultramid® Endure gelungen zu sein. Bei dem Material handelt es sich um ein glasfaserverstärktes Polyamid, das eine ausgezeichnete Wärmealterungsbeständigkeit mit der guten Verarbeitbarkeit von konventionellem Polyamid vereint. Der neue Verbundwerkstoff widersteht mühelos einer Dauerbelastung von bis zu 220 °C und hält temporäre Spitzenbelastungen von bis zu 240 °C sicher aus. Durch diese Neuentwicklung wird das Anwendungsspektrum der Polyamide bis in den typischen Hochtemperaturbereich erweitert ...
Wissenschaftler um Dr. Holger Althues vom Fraunhofer-Institut für Werkstoff- und Strahltechnik in Dresden haben kürzlich ein Verfahren vorgestellt, das es ermöglicht, Kunststoffprodukte direkt während der Formgebung im Werkzeug mit einer leitfähigen und antistatisch wirkenden Oberfläche auszustatten. Dazu nutzen die Forscher so genannte Kohlenstoff-Nanoröhren (CNTs), die sie mit ihrer Technologie gezielt in die oberen Bereiche der Polymeroberfläche einbringen können. Gegenüber konventionellen Leitadditiven, die den Kunststoffmassen sonst beigemischt werden, sind die Materialkosten sehr gering. Es genügen bereits wenige Milligramm der Kohlenstoff-Nanoröhren um einen Quadratmeter Oberfläche mit einer etwa nur 50 nm dicken Leitschicht auszurüsten. Neben dem niedrigen Preis bietet der geringe Materialseinsatz weitere signifikante Vorteile, so bleiben die mechanischen und optischen Eigenschaften des Polymers nahezu unverändert. Dies ist gerade bei transparenten Kunststoffen von hoher Bedeutung ... Transparente Elektroden oder flexible optische Bauteile mit integrierten elektrischen Funktionen sind typische Anwendungsfälle für diese Materialentwicklung.

M2 **Chemikalienresistentes Kunststoffelement für leistungsfähige Spiralförderanlagen**

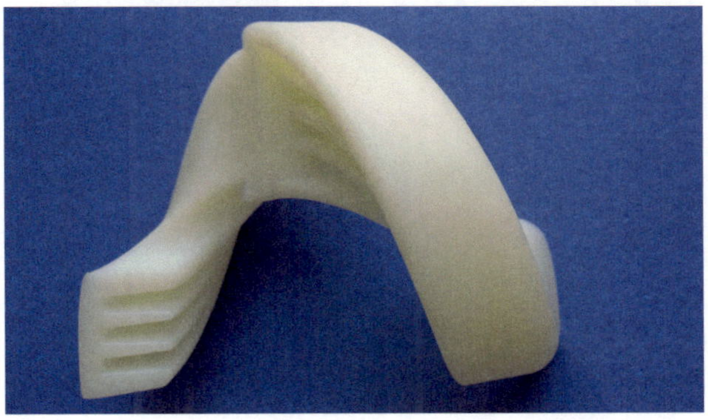

Spiralförderanlagen spielen etwa in der Abfallwirtschaft, in der Lebensmitteltechnik, im Bergbau oder in der Chemieindustrie eine große Rolle. Ähnlich dem Prinzip einer Archimedischen Schraube transportieren Spiralförderanlagen Rohstoffe, Zwischenprodukte und Abfälle unterschiedlichster Natur und Beschaffenheit. Solche Transportsysteme wurden bisher vor allem aus Stahl hergestellt. Beim Transport von aggressiven Stoffen führt jedoch beispielsweise ein hoher Säure- oder Salzgehalt zum Rosten verschiedener Komponenten und Bauteile. Hohe Reparaturkosten und teure Ausfallzeiten sind die unangenehmen Folgen für den Betreiber. Wissenschaftler rund um Arndt Schumann von der Technischen Universität Chemnitz haben jetzt eine neuartige und modular aufgebaute Kunststoffspirale vorgestellt, die solche Probleme zuverlässig unterbinden soll ... ‚Die meisten thermoplastischen Kunststoffe sind beständig gegenüber salz- und säurehaltigen Medien sowie anderen aggressiven Stoffen‘, erklärt Schumann den Vorteil der Materialsubstitution. Zudem können die Module kostengünstig im Spritzgießverfahren hergestellt werden, wodurch die Verarbeitung verschiedener Kunststoffarten möglich wird ...“

Christoph Konetschny: http://www.wire.de/cipp/md_wiretube/custom/pub/content,oid,8885/lang,1/ticket,g_u_e_s_t/~/Metallsubstitution_Kunststoffe_machen_sich_auf_den_Weg.html, 2.8.2011

1 Arbeiten Sie die zentralen Aussagen jeder der dargelegten Lösungsansätze heraus.
2 Erstellen Sie eine tabellarische Übersicht über die verschiedenen Lösungsansätze zur Rohstoffknappheit.

M1 ***Abfall? Rohstoff?***

↓ ***„Ship breaking and recycling industry***

Currently, the global center of the ship breaking and recycling industry (SBRI) is located in South Asia, specifically Bangladesh, India, and Pakistan. These three countries account for 70–80 percent of the international market for ship breaking of ocean-going vessels, with China and Turkey accounting for most of the rest. Only about 5 percent of the global volume of such vessels is scrapped outside these five countries ...

The ship breaking and recycling industry plays a significant economic role in Bangladesh and Pakistan, supplying a substantial quantity of rerollable scrap steel for the iron and steel industries. SBRI provides more than half of Bangladesh's steel supply, for example, making it a strategic industry in that country. The industry also creates hundreds of thousands of direct and indirect jobs for some of the poorest and most marginalized segments of the population in those countries. The work force in each country varies with the volume of ship breaking but may range from 8,000–22,000 workers in the ship recycling yards to 200,000 in the supply chain, shops, and re-rolling mills – with dependents in extended families estimated to reach over 500,000 in Bangladesh, although fewer in Pakistan."

Worldbank: The Ship Breaking and Recycling Industry in Bangladesh and Pakistan. Washington, D.C. Dezember 2010, S. 30

9.3 Recycling & Co

Erst zu Beginn der 1960er-Jahre wurde das Sammeln von Abfallstoffen in Deutschland besser organisiert. Bis dahin hatte es zwar auch Wertstoffsammelaktionen gegeben, doch nun entwickelte sich der industriell organisierte Recyclinggedanke. Heute werden über die Hälfte der Abfallstoffe recycelt, bei Metallen z. T. noch mehr. Dahinter steht einerseits das wachsende Umweltbewusstsein der Bevölkerung, die steigende Tendenz der Rohstoffpreise und die EU-Richtlinie Nr. 2008/98 über Abfälle vom 9.11.2008. Diese sieht folgende Abfallhierarchie vor:

1. Vermeidung
2. Vorbereitung zur Wiederverwendung
3. Recycling
4. sonstige Verwertung, z. B. energetische Verwertung
5. Beseitigung

Eine der weltweit spektakulärsten Recyclingerscheinungen ist das Abwracken von Schiffen in Südasien, vor allem in Indien, Pakistan und Bangladesch.

1 *Erstellen Sie ein Datenblatt zu den „Deponien der Wegwerfgesellschaft".*

2 *Bewerten Sie die Sinnhaftigkeit der bergmännischen Ausbeutung von Mülldeponien in Deutschland.*

3 *Arbeiten Sie den Unterschied zwischen Recycling-Verfahren und dem Cradle-to-Cradle-Ansatz (S. 46) heraus.*

M2 ***SBRI contributions in Bangladesh and Pakistan, 2008/2009***

	Bangladesh	Pakistan
National steel production	2.2–2.5 mt	3 mt
Scrap steel from ship breaking	Up to 1.5 mt	Up to 800,000 tons
Ship breaking steel's contribution to production	50 %	15 %
No. of re-rolling mills	250 to 350	330
Scrap yards (total no.)	40 active	30 active (132)
Estimated no. of workers in yards	22,000	6,000–8,000

Worldbank: The Ship Breaking and Recycling Industry in Bangladesh and Pakistan. Washington, D.C. Dezember 2010, S. 30

M3 ***Schiffsrecycling Alang, Indien***

M4 Ship Recycling

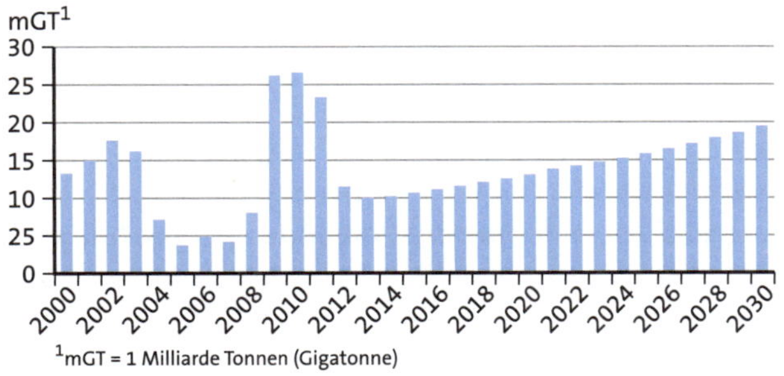

[1]mGT = 1 Milliarde Tonnen (Gigatonne)

Nach Worldbank: The Ship Breaking and Recycling Industry in Bangladesh and Pakistan. Washington, D.C. Dezember 2010, S. 30

„Die Minen der Wegwerfgesellschaft

... Deutschland wird Rohstoffland, verkündet der Verband auf seiner Internetseite. Erstaunlich ist daran weniger das vollmundige Versprechen, sondern der Absender: Es ist nicht die Vereinigung der Bergbauindustrie, die sich dieses Verdienst zuschreibt, sondern der Bundesverband der deutschen Entsorgungswirtschaft. Dass Abfall neuerdings als Sekundärrohstoff bezeichnet wird, mag man für einen Euphemismus halten, zeugt jedoch von einem Trend: Rekordpreise und knappe Ressourcen sorgen dafür, dass in Deutschland immer mehr Rohstoffe im Recycling gefördert werden.

‚Recycling ist die wichtigste heimische Rohstoffquelle‘, sagt Wirtschaftsminister Brüderle. Computer, Handys und Autos sind die Minen der Wegwerfgesellschaft ... Neben den gängigen Industriemetallen wie Kupfer und Aluminium finden sich darin auch Gold und seltene Metalle wie Gallium und Germanium. Dem ‚Urban Mining‘, dem städtischen Bergbau, sagen Experten eine große Zukunft voraus. ‚Der Rohstoffbedarf lässt sich nicht nur durch die Primärgewinnung decken‘, sagt Daniel Goldmann, Professor für Rohstoffaufbereitung an der Technischen Universität Clausthal. Schon jetzt gebe es einen globalen Wettbewerb um hochwertige Abfälle. Denn mit der zunehmenden Industrialisierung der Schwellenländer steigt auch ihr Rohstoffbedarf.

Das treibt nicht nur die Preise, sondern verändert auch die Perspektive: Wurde eine ausreichende Versorgung mit Rohstoffen früher als gegeben vorausgesetzt, feilen Politik und Unternehmen mittlerweile an Strategien, um den Bedarf ihrer Volkswirtschaften auch künftig zu sichern. Der Verbrauch steigt stetig, während die Minenausbeute abnimmt. Allein in den Jahren 2000 bis 2008 hat sich das Volumen der deutschen Rohstoffimporte von 54 auf 127 Milliarden Euro erhöht. Vor allem die so genannten Zukunftstechnologien sind Rohstofffresser: In jeder Windkraftanlage stecken bis zu acht Tonnen Kupfer, für den Bau eines Elektrofahrzeugs werden etwa 100 Kilo davon benötigt, etwa doppelt so viel wie für einen herkömmlichen Mittelklassewagen.

Mittlerweile sei schon mehr Kupfer in Form von Drähten, Dachrinnen und Autoteilen als unausgebeutet in den Minen vorhanden. Allein auf amerikanischen Mülldeponien liegen mehr als drei Weltjahresproduktionen des Metalls, schätzen Fachleute. Dabei lässt sich der Rohstoff unendlich wiederverwenden, ohne etwas von seiner Qualität einzubüßen. Allerdings führen die hohen Preise – der Kupferpreis hat sich in den vergangenen zwei Jahren mehr als verdoppelt – auch zu einer höheren Rücklaufquote ...

Die Wiederverwertung von Industriemetallen funktioniere in Deutschland schon ganz gut, sagt Daniel Goldmann. Die Aufbereitung von strategischen Metallen, die vor allem in der Hochtechnologie eingesetzt werden, müsse jedoch erheblich verbessert werden. Nur so könne sich ein rohstoffarmes Land wie Deutschland unabhängiger von wenigen Unternehmen und Förderländern machen.

Als China im vergangenen Jahr drastische Exportbeschränkungen für Seltene Erden einführte und sich die Preise für Neodym, Lanthan und die anderen 14 Metalle und Oxide dieser Gruppe teilweise verachtfachten, wurde Unternehmen und Politikern diese Abhängigkeit schmerzhaft bewusst. Aus China kommen 97 Prozent der Seltenen Erden, die für die Herstellung von Solartechnik und Windkraftanlagen unentbehrlich sind.

Die Sicherstellung der Versorgung der Volkswirtschaft mit Rohstoffen sei ein fast ebenso wichtiger Treiber für den Ausbau des Metallrecyclings wie der ökonomische Faktor. Denn gerade die Lagerstätten der strategischen Metalle, die in der Zukunft noch sehr viel begehrter sein werden als heute, konzentrieren sich oft auf wenige Länder. Je mehr Hybrid- und Elektrofahrzeuge hergestellt werden, desto stärker werden auch Kobalt, Seltene Erden und Platin nachgefragt. Kobalt und Platin stammen aber zum größten Teil aus wenigen Ländern in Afrika, Seltene Erden aus China. Rund 20 Prozent des Bedarfs an Kobalt ließen sich aber auch mit Recycling decken, schließlich sei die Metallkonzentration in Elektroschrott sehr viel höher als in den Minen. Während in einer Tonne Erz etwa 5 Gramm Gold stecken, lassen sich aus einer Tonne alter Mobiltelefone 200 Gramm des Edelmetalls gewinnen. Doch gebrauchte Handys landen immer noch eher auf dem Müll als in der Wiederverwertung. 20 Tonnen Gold werden so jedes Jahr weggeworfen ...

Mehr als die Hälfte aller alten Elektrogeräte in Europa werden nicht ordnungsgemäß recycelt, schätzen Fachleute. Ein Großteil des Elektroschrotts landet – als Reparaturware deklariert, weil die Ausfuhr des Schrotts verboten ist – in Afrika und Asien. Dort werden die Geräte von Amateuren in Hinterhöfen auseinandergebaut, oft genug aber auch einfach abgefackelt. Das hat nicht nur verheerende Folgen für die Umwelt. Für die rohstoffarmen Länder Europas gehen damit auch wichtige Ressourcen verloren. Die Schwellenländer dagegen haben den Wert von Schrott schon lange erkannt ...“

Lembke, Judith: Die Minen der Wegwerfgesellschaft. In: Frankfurter Allgemeine Zeitung vom 29.4.2011, S. 22

9.4 Politische und unternehmerische Strategien der Rohstoffsicherung

Insbesondere der Rohstoffbedarf der sich dynamisch entwickelnden Schwellenländer China und Indien heizt die Diskussion an, wie Politik und Wirtschaft auf drohende Rohstoffengpässe reagieren sollen. Vor diesem Hintergrund wurde die Rohstoffstrategie der Bundesregierung entwickelt und sie wird in der Wirtschaft lebhaft diskutiert.

↓ *„Die Gewährleistung einer bedarfsgerechten Versorgung der Industrie mit mineralischen Rohstoffen ist von grundlegender Bedeutung für die Wirtschaft Deutschlands. Dies trifft in besonderem Maß für die Industrierohstoffe zu, bei denen eine hohe Importabhängigkeit besteht.*
Nachhaltige Rohstoffpolitik ist integraler Bestandteil der Wirtschaftspolitik. Unter den Bedingungen der Marktwirtschaft und eines fairen Welthandels gleichen sich Angebot und Nachfrage auch bei Marktänderungen immer wieder aneinander an. Funktionierende Märkte sorgen so für stabile Verhältnisse und langfristige Versorgungssicherheit. Gravierende Marktstörungen können allerdings zu Verwerfungen führen, die erhebliche Auswirkungen auf Wirtschaft, Umwelt und Beschäftigung haben können. Die Rohstoffstrategie soll dazu beitragen, mit geeigneten rohstoffpolitischen Maßnahmen derartige Marktstörungen zu begrenzen und ihre Folgen zu mildern. Gleichzeitig will die Bundesregierung durch die Schaffung politischer, rechtlicher und institutioneller Rahmenbedingungen ihren Beitrag zu einer nachhaltigen, international wettbewerbsfähigen Rohstoffversorgung der deutschen Industrie leisten …
Die Weiterentwicklung der „Elemente einer Rohstoffstrategie der Bundesregierung" vom März 2007 ist insbesondere aus folgenden Gründen erforderlich geworden:
- *Wichtige rohstoffverbrauchende Entwicklungs- und Schwellenländer, insbesondere China und Indien, haben mittlerweile ihre Rohstoffpolitik strategisch ausgerichtet und Maßnahmen ergriffen, um ihre rohstoffwirtschaftlichen Interessen zu befriedigen. Dies kann mittelfristig Auswirkungen für deutsche und europäische Unternehmen beim Zugang zu Rohstoffbezugsquellen haben.*
- *Neue Studien lassen erkennen, dass sich die Rohstoffbedarfsprofile in den kommenden Jahrzehnten aufgrund neuer Technologieentwicklungen grundlegend verändern werden. Es ist sicherzustellen, dass wichtige Innovationen, u. a. im Bereich von Umwelttechnologien, nicht durch mangelnde Rohstoffverfügbarkeiten behindert werden.*
- *In der rohstoffverarbeitenden Industrie setzt sich zunehmend die Erkenntnis durch, dass Verknappungen an den Rohstoffmärkten zu Produktionseinschränkungen führen und Innovationen behindern können. Hier ist auch die Eigenverantwortung der Industrie gefordert, rechtzeitig Antworten auf mögliche Engpässe zu entwickeln.*
- *Die EU-Kommission hat eine Rohstoffinitiative ergriffen, mit der die nationale Rohstoffpolitik Deutschlands eng verzahnt werden muss.*

Kernziele der weiterentwickelten Rohstoffstrategie der Bundesregierung sind:
- *Abbau von Handelshemmnissen und Wettbewerbsverzerrungen,*
- *Unterstützung der deutschen Wirtschaft bei der Diversifizierung ihrer Rohstoffbezugsquellen,*
- *Unterstützung der Wirtschaft bei der Erschließung von Synergien durch nachhaltiges Wirtschaften und Steigerung der Materialeffizienz,*
- *Weiterentwicklung von Technologien und Instrumenten zur Verbesserung der Rahmenbedingungen für das Recycling,*
- *Aufbau bilateraler Rohstoffpartnerschaften mit ausgewählten Ländern,*
- *Eröffnung neuer Optionen durch Substitutions- und Materialforschung,*
- *Fokussierung rohstoffbezogener Forschungsprogramme,*
- *Herstellung von Transparenz und Good Governance bei der Rohstoffgewinnung,*
- *Verzahnung nationaler Maßnahmen mit der europäischen Rohstoffpolitik.*

Die Bundesregierung ist bestrebt, Maßnahmen im Zusammenhang mit diesen Zielen im Sinne des Leitgedankens der Nachhaltigen Entwicklung ausgewogen umzusetzen. Dabei sollen ökonomische, ökologische und soziale Belange einer nachhaltigen Rohstoffwirtschaft gleichrangig berücksichtigt werden. Darüber hinaus strebt die Bundesregierung mit dieser Rohstoffstrategie einen ganzheitlichen rohstoffpolitischen Ansatz für eine möglichst enge Verzahnung aller nationalen und internationalen politischen Ebenen im Bereich der Rohstoffpolitik an."

Rohstoffstrategie der Bundesregierung. Sicherung einer nachhaltigen Rohstoffversorgung Deutschlands mit nicht-energetischen mineralischen Rohstoffen. Berlin 2010, S. 6-7. (gekürzt)

↓ **„Rohstoffe für die Industrie**

... Was ist zu tun? Die Sicherung der Versorgung mit Rohstoffen ist zunächst Aufgabe der betroffenen Unternehmen selbst. Der Staat kann nicht in die Rolle eines Generaleinkäufers für Rohstoffe schlüpfen. Diese eher chinesische Lösung ist mit einer marktwirtschaftlichen Ordnung nicht zu vereinbaren. Aber es reicht auch nicht aus, wenn die Unternehmen ihre Hausaufgaben machen. Die Ursachen der Rohstoffrisiken liegen oft in Bereichen, die entweder politisch geschaffen wurden oder primär politisch beeinflusst werden können. Vielfach müssen politische und unternehmerische Maßnahmen ineinander greifen, um Wirkung zu erzielen. Das Ziel muss es sein, eine Rohstoffversorgung auf freien Märkten zu ermöglichen. Der Staat hat dabei die Aufgabe, diesen Ordnungsrahmen zu sichern, aber nicht selbst als Akteur aufzutreten. Von dem ordnungspolitischen Leitbild freier internationaler Rohstoffmärkte sind wir aber leider weit entfernt.

Zunächst müssen die Unternehmen selbst so weit wie möglich dazu beitragen, Versorgungsschwierigkeiten bei den Rohstoffen zu lindern. Der entscheidende erste Schritt ist, die Aufmerksamkeit für dieses Thema herzustellen. Solange die Tragweite der Rohstoffversorgung nicht in den Köpfen der Akteure angelangt ist, wird auch niemand nennenswerte Ressourcen für deren Lösung bereitstellen.

Entscheidend für einzelne Unternehmen ist zunächst einmal, die jeweiligen Risiken der eigenen Rohstoffversorgung zu analysieren. Zu diesem Zweck sind zunächst die Wertschöpfungsketten zu identifizieren, die kritische Rohstoffe beinhalten. Auch in Vorprodukten können Stoffe mit einer kritischen Versorgungssituation enthalten sein. Szenarien für den Ausfall einzelner Stoffe könnten den Handlungsbedarf signalisieren. Rohstoffrisiken stehen neben anderen unternehmerischen Risiken. Mit ihnen kann man umgehen – dazu muss man sie aber kennen.

Angemessenes Hedging (Absicherung von Finanztransaktionen) reduziert finanzielle Risiken, führt jedoch nicht zu einer Abkoppelung von der längerfristigen Preisentwicklung. Zudem müssen entsprechende Kompetenzen zur Risikosteuerung auf den Finanzmärkten aufgebaut werden. Auch mithilfe von langfristigen Lieferverträgen lassen sich Unsicherheiten bezüglich der Versorgung und der Preise verringern. In langfristigen gegenseitigen Verpflichtungen liegt ein Schlüssel für eine sichere Versorgung.

Unternehmen können natürlich auch versuchen, den Einsatz von Rohstoffen zu vermindern, indem sie effizienter mit kritischen Stoffen umgehen. Und sie können versuchen, vermehrt andere Stoffe einzusetzen, die weniger kritisch sind, aber dieselbe Funktion erfüllen. Beides stößt jedoch an technische Grenzen. Daher ist die Stärkung von Forschung und Entwicklung auf Unternehmensebene einer der wichtigsten Lösungsansätze.

Eine weitere Maßnahme zur Rohstoffsicherung stellt die vertikale Integration dar: Das Unternehmen kauft oder beteiligt sich an Zulieferern, die direkten Zugang zu einer Abbauquelle haben. So ist die eigene Rohstoffversorgung gesichert. Für ein Einzelunternehmen kommt dies natürlich nur in Frage, wenn es hinreichend groß ist und relativ große Mengen von dem jeweiligen Rohstoff verbraucht. Der Ansatz ist zudem mit Problemen behaftet: Er ist teuer; er bringt Risiken in Märkten mit sich, in denen sich die Industrie nicht auskennt; er kann nur für einzelne Rohstoffe verfolgt werden. Insgesamt lohnt sich dies höchstens für wenige große Unternehmen, die zumeist Erze direkt weiterverarbeiten. Unternehmerisches Engagement ist auch notwendig, um zusätzliche Bergbauaktivitäten zu initiieren. Die Unterstützung solcher Initiativen, etwa durch langfristige Abnahmeverpflichtungen, leistet einen Beitrag zur Rohstoffsicherung, der eine direkte Beteiligung unnötig macht.

Zudem könnten durch eine Nachfragebündelung Kosteneinsparungen durchgesetzt werden. So ließe sich der Quasi-Monopolmacht einzelner marktbeherrschender Rohstoffanbieter durch eine Gegenmacht von vielen Unternehmen, die als ein Einkäufer auftreten, wirkungsvoll entgegentreten. Dies hätte günstigere Einkaufspreise und eine stärkere Verhandlungsposition zur Folge.

Gemeinsame Herausforderungen: Oft erreichen Unternehmen im Verbund mehr, als wenn sie nur alleine tätig sind. Gemeinsam mit anderen Unternehmen und Forschungseinrichtungen sollte Forschung zur Steigerung der Rohstoffeffizienz und zur Entwicklung von Substitutionsstoffen betrieben werden. Diese Zusammenschlüsse wären aus Kostensicht sinnvoll. Es könnten sich sogar kleinere Unternehmen, für die sich Einzelforschung nicht lohnt, zusammenschließen und für ein gemeinsames Ziel forschen. Solche wissensorientierten Netzwerke wirken sich oft positiv auf den Geschäftserfolg aus ...

Ein gemeinsames Vorgehen von Unternehmen und der Regierung ist bei der Stärkung des Recycling sinnvoll. Die Nutzung von Rohstoffquellen in den Abfällen unserer Städte – man spricht daher vom Urban Mining – verringert den Bedarf an Erzen aus unsicheren Quellen. Die Recyclingpotenziale sind groß. Aber auch hier sind technische und organisatorische Innovationen und damit verbunden sinkende Recyclingkosten notwendig, um die Chancen zu nutzen. Privatwirtschaftliche Initiative und staatliche Rahmensetzung sind notwendig, um wirksame Konzepte zu entwickeln. Auch dies hat Grenzen. So ist etwa bei Schrotten Protektionismus zu beobachten ...“

Bardt, Hubertus: *Rohstoffe für die Industrie*. In: *Frankfurter Allgemeine Zeitung* vom 3.12.2010, S. 12 (gekürzt)

1 Charakterisieren Sie die Rohstoffstrategie der Bundesregierung.
2 Arbeiten Sie die zentralen Punkte des Vorschlages „Rohstoffe für die Industrie“ heraus.
3 Vergleichen Sie die beiden Strategien.
4 Bewerten Sie die beiden Strategien unter Berücksichtigung der Verbindlichkeit der jeweiligen Aussagen.

***M1* Kompostierbares T-Shirt, fast fertig kompostiert**

http://www.world-of-eco-fashion.de/tl_files/eco_nachrichtenbilder/Storys/trigema2.jpg, 19.4.2011

9.5 C2C – der Cradle-to-Cradle-Ansatz

Kompostierbare Kleidung, essbare Verpackung, unendlich wiederverwendbare Bausteine technischer Geräte – dies alles sind Vorboten eines Rohstoffkonzeptes, das in vielen Ländern auf dem Vormarsch, in Deutschland aber noch verhältnismäßig unbekannt ist. „Von der Wiege bis zur Wiege" lautet die deutsche Übersetzung dieses konsequentesten ressourcen-effizienten Ansatzes industrieller Produktion, der von Michael Braungart und William McDonnough entwickelt wurde.

„Von der ‚Wiege zur Wiege' soll produziert werden, statt wie bisher ‚von der Wiege bis zur Bahre', ... sagt Braungart. Was in Deutschland ... unbekannt ist, sorgt im Ausland schon für Aufsehen ... Dass C2C kein hoffnungslos naives, theoretisches Konstrukt, sondern praxistauglich ist, versucht Braungart mit seiner 1987 gegründeten Environmental Protection Encouragement Agency (Epea) zu beweisen. Der Lüneburger Professor stellte eine Gruppe aus Wissenschaftlern und Industrieberatern zusammen, um für einen internationalen Kundenkreis sein Konzept auf Produkte, Prozesse und Dienstleistungen anzuwenden ... Einer dieser Kunden ist Trigema. Zusammen mit Epea sollte die Bekleidungsfirma aus Burladingen T-Shirts entwickeln, die Braungarts natürlichem Kreislaufgedanken entsprechen. Zuerst wurden die Materialien, die Trigema verwendet, von Chemikern untersucht und bewertet. Die Bestandsliste wurde auf eine Positivliste gekürzt – die Negativstoffe mussten ersetzt werden. So verwendet Trigema bei der Produktion des gemeinsam erarbeiteten Kleidungsstücks Naturbaumwolle, die frei von Pestiziden und Düngemittelrückständen ist, Farbstoffe, die biologisch abbaubar sind, und umweltverträgliches Paraffin. Das Resultat ist das kompostierbare T-Shirt, das auf der ersten C2C-Messe im November 2008, der Nutec, in Frankfurt vorgestellt wurde.

‚Ein solches Shirt kostet bei der Herstellung 20 bis 30 Prozent mehr', sagt Grupp. Es werde um 8 bis 10 Prozent teurer verkauft. Der Kunde schone mit dem Kauf für ein kompostierbares Kleidungsstück nicht nur die Umwelt und damit sein Gewissen. Er wappne sich auch gegen Allergien ... Zeigt das Beispiel Trigema, wie der biologische Kreislauf funktionieren könnte, setzt Herman Miller aus Michigan auf den technischen Kreislauf. Der Büromöbelhersteller wandte sich an McDonough Braungart Design Chemistry (MBDC), die amerikanische Entwicklungsfirma der beiden Forscher, um sich zum Thema Nachhaltigkeit beraten zu lassen. Ergebnis der Zusammenarbeit war der 2003 vorgestellte Mirra-Bürostuhl. Er besteht aus ‚technischen Nährstoffen', wie Braungart es nennt: Er ist immer wieder und mit wenig Verlust an Materialwert wiederverwertbar. Das heißt, dass die Bestandteile des Stuhls nach Ablauf eines Lebenszyklus wieder als Komponenten für das gleiche oder ein ähnliches Produkt verwendet werden. Nike macht es ähnlich. Bereits seit 2005 bietet der Sportartikelhersteller einen schadstofffreien und komplett wiederverwertbaren Sportschuh an, der gemeinsam mit Epea entworfen wurde. Die Schuhe sollen nach Gebrauch vom Kunden zurückgegeben werden. Die Methode ist so umweltverträglich wie lukrativ; schließlich spart der Konzern am Rohstoffeinkauf."

In: Frankfurter Allgemeine Zeitung vom 23.11.2008. http://www.faz.net/artikelC50563/Kompostierbares-t-shirt-als-tueroeffner-30130112.html

***M2* Die zwei Kreisläufe des Cradle-to-Cradle-Konzepts**

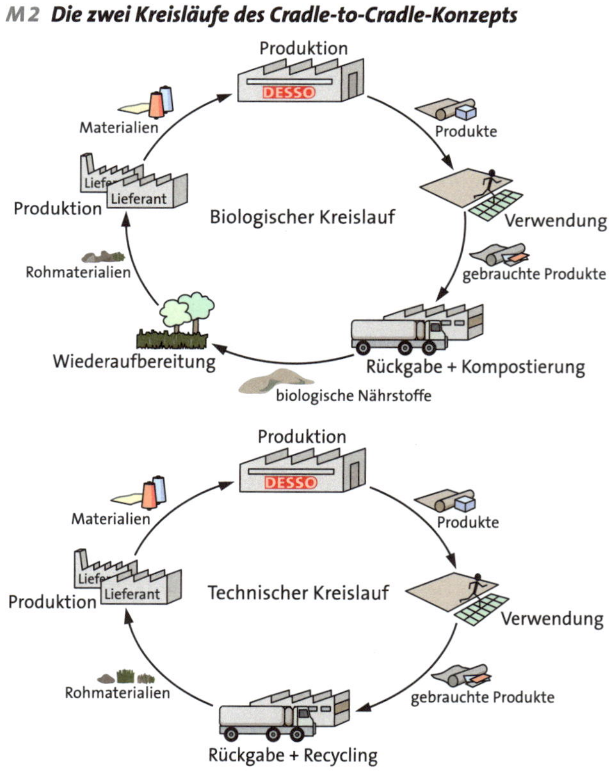

http://epea-hamburg.org/index.php?id=199&L=4, 13.7.2011

1 *Arbeiten Sie den Unterschied zwischen Recycling-Verfahren und dem Cradle-to-Cradle-Ansatz heraus.*

10 Muss Phil Webster entlassen werden?

Mit dem einleitenden Mystery zu diesem Themenheft haben Sie Phil Webster kennengelernt, der viele Jahre in der Wodgina Mine im Nordwesten Australiens Coltan förderte und dies für einen der sichersten Arbeitsplätze hielt, bis die Mine urplötzlich stillgelegt und Phil Webster entlassen wurde. Seither, so war zu erfahren, schlägt er sich mit Gelegenheitsjobs durch und kann seine Familie nur mehr schlecht als recht versorgen. Inwieweit dies im Zusammenhang mit der Kaufentscheidung Karls zugunsten eines „Red Connection"-Handys steht, haben Sie sich erarbeitet. Nachdem Sie sich nun intensiv mit den verschiedensten Aspekten des global relevanten Themas Rohstoffe auseinandergesetzt haben, sollen Sie sich nun mit der Frage auseinandersetzen, ob es zwingend so weit kommen musste, dass Phil Webster entlassen wurde oder ob sich nicht doch ein Weg finden, eine Entwicklung denken und eine Lösung gestalten ließe, die ihn in Lohn und Brot gehalten hätte.

1 *Erstellen Sie – eventuell unter Verwendung des untenstehenden Anfangs – ein Wirkungsgefüge, das ausgehend von dem Mystery (S. 4–5) und unter Einbezug weiterer Teilthemen des Heftes zu einer Lösung für Phil Webster führen könnte.*

M 1 ***Wirkungsgefüge***

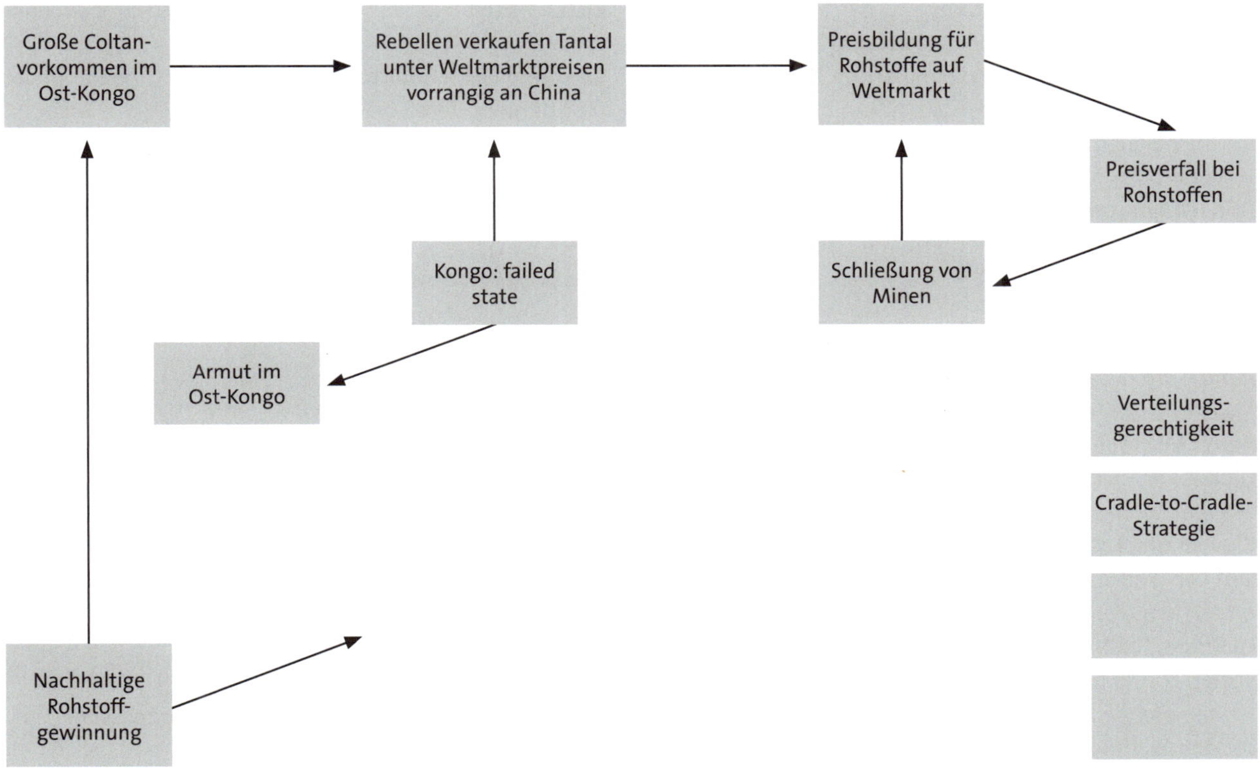

11 Literaturhinweise und Internetadressen

Andruleit, Harald, u.a.: Gashydrat: das „gefrorene Erdgas" – ein fossiler Energieträger am Beginn seiner Nutzung. Bundesanstalt für Geowissenschaften und Rohstoffe. Hannover 2008

Beutler, Benjamin: Das weiße Gold der Zukunft. Bolivien und das Lithium. Berlin 2011

Braun, Reiner u.a. (Hrsg.): Kriege und Ressourcen. Herausforderungen für das 21. Jahrhundert. München 2009

Brücher, Wolfgang: Energiegeographie. Wechselwirkungen zwischen Ressourcen, Raum und Politik. Berlin, Stuttgart 2009

Bundesministerium für Wirtschaft und Technologie: Rohstoffstrategie der Bundesregierung. Sicherung einer nachhaltigen Rohstoffversorgung Deutschlands mit nicht-energetischen Rohstoffen. Berlin 2011-10-20

Falk, Gregor und Scholliers, Matthias (Hrsg.): TERRA Physische Geographie. Themenband Oberstufe., Stuttgart, Leipzig 2010

Follath, E. und A. Jung (Hrsg.): Der neue Kalte Krieg. Kampf um die Rohstoffe. München 2008

Klare, Michael: Resource Wars. The New Landscape of Global Conflict. New York 2001

Klevemann, Lutz: Der Kampf um das Heilige Feuer. Wettlauf der Weltmächte am Kaspischen Meer. Berlin 2002

Le Billon, Philippe: Fuelling War: Natural resources and armed conflict. London-New York 2005

Le Monde diplomatique (Hrsg.): Atlas der Globalisierung. Berlin 2009

Mildner, Stormy-Annika (Hrsg.): Konfliktrisiko Rohstoffe? Herausforderungen und Chancen im Umgang mit knappen Ressourcen. Berlin 2011 (SWP-Studie S 05)

Olbert, Günter: Die Wissenschaft von der Erdgeschichte. Arbeitshefte für die Sekundarstufe. Stuttgart, Gotha 1999.

Rothe, Peter: Schätze der Erde. Die faszinierende Welt der Rohstoffe. Darmstadt 2010

Seidler, Christoph: Arktisches Monopoly. Der Kampf um die Rohstoffe der Polarregion. München 2009

Steingart, Gabor: Weltkriege um Wohnstand. Wie Macht und Reichtum neu verteilt werden. München 2006

Wirtschaftsverband Erdöl- und Erdgasgewinnung e.V.: Erdgas – Erdöl. Entstehung. Suche. Förderung. Hannover 2008

Wuppertal Institut (Hrsg.): Fair Future. Begrenzte Ressourcen und globale Gerechtigkeit. München 2005

Zieul, Sahrah: Der Kampf um die Tiefsee. Wettlauf um die Rohstoffe der Erde. Hamburg 2011

Zeitschriften

Geographische Rundschau: Themenheft Globaler Rohstoffhandel, Heft 11/2009

Haas, Hans-Dieter: Globaler Rohstoffhandel in Zeiten der Krise. In: Geographische Rundschau, Heft 10/2009

Praxis Geographie: Bodenschätze. Auf der Suche nach Gold, Energie und Steinen. Westermann. Braunschweig, Heft 4/2010

Spiegel Spezial: Kampf um Rohstoffe. Die knappen Schätze der Erde. Hamburg 2010

Ergiebige Internetseiten

http://www.bmu.de (Bundesministerium für Umwelt, Naturschutz und Reaktorsicherheit)

www.bgr.bund.de (Bundesanstalt für Geowissenschaften und Rohstoffe BGR)

www.kupferinstitut.de (technisch-wissenschaftliche Beratungsstelle für alle Fragen zum Thema Kupfer)

www.lgrb.uni-freiburg.de (Landesamt für Geologie, Rohstoffe und Bergbau)

www.nachwachsende-rohstoffe.biz (Blog)

www.rohstoffe-welt.de/ (Analysen, Marktberichte, Interviews)

www.rohstoff.de/ (Deutsche Rohstoff AG)

www.scienexx.de (Wissensmagazin)